Geheime Zaubersprüche

Geheime Zauber-Sprüche

Positive Hexereien
für alle Lebenslagen

von Nicola de Pulford
übersetzt von Falk Steins

ISBN 978-3-8094-2216-7

Originaltitel: The Book of Spells

Umschlaggestaltung:
Atelier Versen, Bad Aibling
Fotos: Will White
Layout und Illustration:
Clare Baggaley
Übersetzung: Falk Steins,
Niedernhausen
Redaktion und Herstellung:
Gisela Klemt/lüra – Service für
Verlage, Wuppertal
Satz: Uhl + Massopust, Aalen
Druck und Bindung:
Midas printing, Hongkong
Printed in China

107570301X 817 2635 4453 6271

Inhalt

Inhalt

Erste Schritte

In unserer technisch hoch entwickelten Welt haben viele Menschen den Bezug zur Natur und ihren magischen Kräften verloren. Wenn Sie jemandem erzählen, dass Sie sich für Magie interessieren, müssen Sie mit hochgezogenen Augenbrauen oder einem amüsierten Lächeln rechnen. Doch trotz – oder gerade wegen – dieser Skepsis wird man Sie mit Sicherheit darum bitten, Ihre Zauberkunst zu demonstrieren …

Überlieferte Vorstellung von einer Hexe

Das Okkulte

Viele der Vorgänge in der Natur bleiben uns verborgen, mit anderen Worten „okkult". Ein Okkultist sucht nach den Geheimnissen der übersinnlichen Welt. Früher nannte man diese Menschen Kräuterweib, Hexe oder Zauberer. Sie mussten ihre Tätigkeit allerdings stets im Geheimen ausüben, um der Verfolgung zu entgehen. Furcht, Gier, Neid und Hass waren die Gründe dafür, dass Okkultisten verfolgt wurden. Und da solche Aktionen von den Vertretern der Kirche ausdrücklich befürwortet wurden, standen sie jenseits aller Kritik. Mit „Hexenjagd" und Schauprozessen ließ sich damals im Übrigen gutes Geld verdienen, und so manche Gemeinde profitierte davon. Die Verfolgung der Zauberer und Hexen beeinflusste über lange Zeit die öffentliche Meinung, sodass jede Art von Magie in den Untergrund verbannt wurde.

Die Magie der Natur

Bis zum 17. Jahrhundert stellte man weder die Einheit von Körper, Geist und Seele in Frage noch die Tatsache, dass die Natur etwas Lebendiges ist. Damit der Körper geheilt werden konnte, musste er mit dem Geist in

Einklang sein. Parallel zu der revolutionären Entwicklung der Wissenschaften wurde die Natur später jedoch ohne Rücksicht auf die Konsequenzen ausgebeutet. Erst in jüngster Zeit wächst in der Allgemeinheit wieder das Bewusstsein, dass alle Lebensformen Teil eines verbundenen, lebendigen Ganzen sind, das es zu schützen gilt. Alle Bestandteile des Kosmos bestehen aus Energie und schwingen auf unterschiedlichen Frequenzen. Wir müssen lernen, diese natürliche Energie, die den Ursprung allen Lebens bedeutet, zu erkennen und ihre magischen Kräfte, die uns stets umgeben, zu nutzen.

Wecken Sie Ihre Kräfte

In unserer modernen Welt fällt es schwer, natürlichen Instinkten zu vertrauen und jene Kräfte wieder zu entdecken, die der Mensch in früheren Stufen seiner Entwicklung besaß. Gelingt es uns aber, die Einheit von Körper und Geist zu begreifen und unsere geistige Energie zu bündeln, so können wir mit Hilfe der Magie versuchen, unser Schicksal zu beeinflussen.

Um die magischen Energien der Natur zu nutzen, brauchen Sie allerdings keinem Geheimzirkel beizutreten. Dieses Buch bringt Ihnen die Zauberkunst als eine positive, lebensbejahende Kraft nahe. Jedes

Ein Zauberbuch

der folgenden Kapitel enthält sieben Zauberrezepte (und sieben ist die magische Zahl schlechthin, voller mächtiger Symbolkraft). Im letzten Kapitel finden Sie außerdem drei Zaubersprüche auf versiegelten Seiten, deren Wirkungsmacht Sie nur im Notfall entfesseln sollten …

Die Magie des Geistes

Für die Zauberkunst benötigen Sie kein teures Zubehör – die meisten Zutaten finden Sie im Laden an der Ecke, im Garten oder in Ihrem Haushalt. Die eigentliche Magie ruht in Ihrem Geist, sie wirkt im Einklang mit den Utensilien, die Sie benutzen. Alle Gaben der Natur stehen Ihnen dafür zur Verfügung. Erfreuen Sie sich an dieser sehr kostbaren Leihgabe, bevor sie schließlich – wie Sie selbst auch – an die Natur zurück gegeben wird. Wenden Sie einen Zauber stets weise

Symbol, das vor einem Fluch schützen soll

an: Niemals sollte er dazu dienen, ein anderes Lebewesen zu verletzen. Wenn Ihre Gedanken von Hass geprägt sind, wird der Zauber zu Ihnen zurückkehren.

Mit Hilfe eines Zauberspruchs können Sie einen Wunsch oder eine Absicht bekräftigen. Sobald die Magie ihren Lauf nimmt, werden Sie Ihre Situation in einem angenehmeren Licht sehen. Denken Sie immer daran, dass Sie einzigartig sind und die Magie sich mit Ihnen verändert. Wenn Sie Ihre eigenen Rituale entwickeln und die benötigten Zutaten selbst sammeln, wird dies Ihre Konzentration und Ihre Verbundenheit mit der Natur stärken.

Magische Zutaten

Kerzen spielen in der Magie eine wichtige Rolle, weil sie ein weiches, natürliches Licht spenden und so dazu beitragen, das richtige Ambiente zu schaffen. Feuer ist ein wichtiges Element für den Geist. Wählen Sie die Farbe der Kerze stets passend zum Zauber. Bei den Sprüchen finden Sie dazu einige Vorschläge, alles Weitere können Sie der Liste der Farben und ihrer magischen Assoziationen auf den Seiten 14 und 15 entnehmen. Nehmen Sie den goldenen Glanz des Kerzenlichts in sich auf, stellen Sie sich all die unsichtbaren Kräfte vor, die Sie umgeben und lassen Sie Ihren Geist in der Meditation versinken. Verlieren Sie nicht den Mut, wenn Ihnen dies nicht gleich beim ersten Mal gelingt, denn auch hier gilt: Übung macht den Meister.

Kräuter, Öle und Kerzen für magische Rezepturen

Kräuter und ätherische Öle sind wichtige Bestandteile vieler Zauberrezepturen. Legen Sie sich also tunlichst einen kleinen Vorrat verschiedener Öle und getrockneter Kräuter

Die Mondphasen

an. Noch besser ist es, die Kräuter selbst zu züchten und stets frisch zu ernten. Denken Sie daran: Je sorgsamer Sie die Pflanzen pflegen, desto intensiver werden ihre magischen Kräfte.

Eine Öl- oder Duftlampe, ein Flakon, ein Kelchglas und eine scharfe Schere sind wichtige Gegenstände, die Sie immer wieder brauchen werden. Benutzen Sie sie ausschließlich für die Zauberkunst und behandeln Sie sie wie andere persönliche Gegenstände, die Ihnen viel bedeuten.

Öllampe

Ein Topf voller Gold

Günstige Einflüsse

Der Mond kann die Wirkung Ihrer Magie ungemein verstärken. Daher wird im Folgenden vielfach auf die Mondphase hingewiesen, die für den jeweiligen Zauber am günstigsten ist. Die Grundregel lautet: Ein zunehmender Mond hilft Ihnen, etwas an sich heranzuziehen, ein abnehmender Mond, etwas abzustoßen. Am stärksten ist die Zauberkraft freilich bei Vollmond.

Achten Sie beim Ausüben Ihrer Magie auch stets auf Farben, Zahlen und esoterische Beziehungen, denn sie sind mächtige Verbündete und können den Zauber positiv verstärken. Auf den folgenden Seiten werden Ihnen die magischen Assoziationen vorgestellt.

Das Gesetz der Magie

Vergessen Sie nicht, die Magie stets auf sanfte Weise einzusetzen. So sollten Sie zum Beispiel niemals versuchen, jemanden in eine unglückliche Situation zu bringen – das Unglück wird sich direkt gegen Sie wenden.

Die in diesem Buch beschriebenen Zaubersprüche können Ihnen nicht von heute auf morgen Reichtum oder Glück bescheren. Doch wenn Sie sie aus reinen Motiven anwenden, werden sie Ihre Chance, dass Sie glücklich und zufrieden werden, deutlich verbessern. Wie die meisten Dinge im Leben erfordert auch die Magie Mühe und Aufrichtigkeit, ehe man den verdienten Lohn erhält.

Zahlenmagie

Die Zahlenmagie hilft Ihnen festzustellen, welche Zahlen Ihr Leben dominieren oder Ihnen Glück bringen. Kaum jemand hat nur eine „Schlüsselzahl", und aus einer einzigen Zahl wird sich keine ganze Persönlichkeit deuten lassen. Dennoch spielt auch in Ihrem Leben eine bestimmte Zahl oder Zahlenkombination eine besondere Rolle.

Wenn Sie Ihre ganz persönliche Zahl finden möchten, suchen Sie in dem nebenstehenden hebräischen Zahlencode zu jedem Buchstaben Ihres Namens die dazugehörige Zahl. Nach diesem System stehen die Vokale für das Herz und den Charakter. Die Konsonanten repräsentieren die Art, wie eine Persönlichkeit auf andere wirkt.

Addieren Sie nun alle herausgesuchten Zahlen. Ist die Summe zweistellig, bilden Sie aus ihr die Quersumme. Ist die verbleibende Zahl immer noch zweistellig, verfahren Sie so weiter, bis Sie bei einer einstelligen Zahl angelangt sind. Wenn Sie 11 oder 22 errechnen, bilden Sie keine Quersummen mehr, denn diese Zahlen stehen für eine höhere Stufe der Weisheit. Das hebräische Alphabet umfasst 22 Buchstaben, und die 22 gilt als „Meisterzahl", wohingegen die 11 für diejenigen Menschen steht, die Offenbarungen erfahren.

Hebräischer Zahlencode

1	2	3	4	5	6	7	8
A	B	C	D	E	U	O	F
I	K	G	M	H	V	Z	P
Q	R	L	T	N	W		
J		S			X		
Y							

Ihre persönliche Zahl ist für die Magie auf verschiedene Arten wertvoll. So zeigt Sie Ihnen zum Beispiel den Tag eines Monats an, der sich am besten für einen Zauber eignet. Oder Sie entscheiden mithilfe der ihr zugeordneten Farbassoziationen (siehe Seite 15), welche Farbe Ihre Kleidung haben sollte, um den Zauber günstig zu beeinflussen. Versuchen Sie, sich die im Folgenden beschriebenen Eigenschaften der Zahlen bildlich vorzustellen und nutzen Sie sie für Ihre Magie.

1 ist der Pionier, die Führerin, mit starkem Willen und manchmal egoistisch. Mit der 1 verknüpft man auch materiellen Reichtum, Einsamkeit und Isolation.

2 ist die Zahl eher passiver Menschen, die jedoch freundlich und sensibel sind und oft durch sanfte Überzeugung gewinnen. Man verbindet auch psychische Kräfte mit der 2.

3 ist eine mächtige Glückszahl, die für extrovertierte, kreative und schlagfertige Charaktere steht. Sie können allerdings auch extravagant und nicht sehr ausdauernd sein.

4 steht für verlässliche, loyale und hart arbeitende Menschen mit Organisationstalent; die stets fair bleiben und oft einen hohen Preis für ihren Erfolg zahlen.

5 ist die Zahl aktiver, neugieriger und impulsiver Menschen, die es hassen, eingeengt zu werden. Die 5 symbolisiert auch Sex und kann problematische Beziehungen verheißen.

6 ist die vollendete Zahl und repräsentiert Harmonie, Schönheit, Aufrichtigkeit und Zuneigung. Menschen mit der 6 sind Kreative und Künstler.

7 ist die magische Zahl, die für Gelehrte und Mystiker, für Würde und Selbstbeherrschung steht. Diese Menschen wirken zurückhaltend, weil sie ihre Gedanken nur schwer in Worte fassen können.

8 symbolisiert Intuition, Wohlstand und Organisation. Menschen der Zahl 8 sind bodenständig, stark und fruchtbar; ihr Erfolg ist der Lohn harter Arbeit.

9 ist die Zahl für Intellektuelle und Idealisten und steht für Stärke, Selbstdisziplin und Ehrgeiz. Diese Charaktere neigen zu Eifersucht und Launenhaftigkeit.

11 ist die Zahl der wahren Idealisten. Sie fühlen eine starke Berufung zu ihrer Arbeit und sind oft bereit, für die Bedürfnisse anderer Mühen auf sich zu nehmen.

22 ist die „Meisterzahl" und vereinigt die guten Eigenschaften und Charakterzüge aller anderen Zahlen in sich.

Die Farben der Magie

Farben sind ein wichtiger Bestandteil vieler magischer Systeme. Wir sind stets von Farben umgeben, und ihre Wirkung kann bisweilen wahrlich atemberaubend sein. Farben schaffen aber auch eine beruhigende Atmosphäre. Weiches Licht entspannt und unterstützt eine Meditation auf ideale Weise.

Jede Farbe hat nicht nur ihre eigene Wellenlänge, sondern auch eine einzigartige psychologische Wirkung. Viele dieser Wirkungen sind uns jedoch völlig unbekannt. In China und Indien wird die Magie der Farben seit Jahrtausenden zur Unterstützung natürlicher Heilungsprozesse genutzt. Sie können Farben in die Stärkung Ihrer inneren Kräfte einbeziehen, indem Sie zum Beispiel ein Stück Seide in Ihrer Lieblingsfarbe direkt auf der Haut tragen. Im Folgenden erfahren Sie einiges über die Farben und ihre Beziehung zur Magie.

Weiß symbolisiert das Übersinnliche, die Abschreckung böser Geister und den Beginn eines neuen Lebensabschnitts.

Orange symbolisiert Freude, Optimismus und den Willen, erfolgreich zu sein.

Rot repräsentiert Lebenskraft, Vitalität, Macht und Entschlossenheit, es zieht das Glück an.

Braun stellt einen Schutzschild dar und steht für natürliche Weisheit und den Einklang mit der Natur.

Rosa ist die Farbe der Liebe, Versöhnung und Freundschaft, des Glücks und der Harmonie.

Gelb stimuliert den Geist und repräsentiert Leistung und Gelehrsamkeit.

Grün ist friedlich und beruhigend. Es symbolisiert Wohlstand und Fruchtbarkeit.

Blau ist die Farbe der Vergeistigung und steht für Heilung, Idealismus und den Schutz durch übersinnliche Mächte.

Lila bedeutet geistige Stärke und stellt den Kontakt mit höheren Bewusstseinsebenen her.

Schwarz steht für Ausgleich und Zwiesprache mit den Toten; für das Ende, aber auch einen Neubeginn.

Silber ist die Farbe der Visionen und der Intuition. Es bringt verborgene Fähigkeiten zum Vorschein.

Gold symbolisiert große Verdienste, Reichtum und langes Leben.

Farben und Zahlen

1 Weiß

2 Mitternachtsblau

3 Moosgrün

4 Torfbraun

5 Rubinrot

6 Goldgelb

7 Violett

8 Orange

9 Perlmutt und die Farbe des Mondes

10 Meerblau

11 Silber

22 Gold

Heilige Bäume und Pflanzen

In allen alten Kulturen kannte man heilige Bäume. Welche Bäume als heilig angesehen wurden, hing von der geografischen Lage ab. Die Vorstellung, dass das Berühren von Holz Glück bringt, geht auf den uralten Glauben an eine Zwiesprache mit Baumgeistern zurück.

Der keltische Kalender basierte auf dem Mondzyklus. Jeder der 13 Zyklen eines Jahres dauerte von einem Vollmond bis zum nächsten und trug den Namen eines heiligen Baumes oder eine Pflanze. Auch Sie können die Wirkung eines Zaubers erhöhen, indem Sie ein kleines Stück Holz oder Rinde eines bestimmten Baumes im richtigen Monat verwenden, oder es einfach ganz nahe an Ihrem Körper tragen.

Keltischer Monat	Baum	Zeitraum
Beth	Birke	24. Dezember bis 20. Januar
Luis	Eberesche	21. Januar bis 17. Februar
Nuin	Esche	18. Februar bis 17. März
Fearn	Erle	18. März bis 14. April
Saille	Weide	15. April bis 12. Mai
Uath	Weißdorn	13. Mai bis 9. Juni
Duir	Eiche	10. Juni bis 7. Juli
Tinne	Stechpalme	8. Juli bis 4. August
Coll	Haselnuss	5. August bis 1. September
Muin	Wilder Wein	2. September bis 29. September
Gort	Efeu	30. September bis 27. Oktober
Ngetal	Riedgras	28. Oktober bis 24. November
Ruis	Holunder	25. November bis 22. Dezember

Der 23. Dezember ist keinem Baum zugeordnet, er dient zum Ausgleich des zusätzlichen Tages in einem Schaltjahr.

Magische Pflanzen und Blumen

Seit jeher glauben die Menschen an die Wirkungskräfte gewisser Pflanzen. So ist es kein Zufall, dass bei vielen wichtigen Ereignissen wie Geburt oder Tod Blumen eine Rolle spielen. Und auch viele Arzneimittel werden aus Pflanzenextrakten hergestellt.

Einige Pflanzen werden traditionell für die Weissagung oder Hellseherei genutzt, so zum Beispiel die Alraune, deren Wurzel der Form des menschlichen Körpers ähnelt, oder die Zaubernuss, aus deren Holz auch heute noch Wünschelruten hergestellt werden. Augentrost und Eisenkraut benutzte man früher, um Visionen herzustellen.

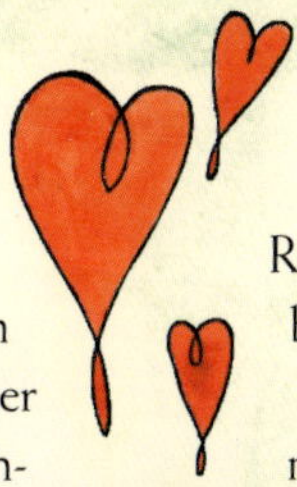

Die als Hexen titulierten weisen Frauen des Mittelalters lebten in enger Verbundenheit mit der Natur und züchteten gezielt bestimmte Pflanzen, die sie für ihre Heilkraft und Magie benötigten. Diese Kräuter und Pflanzen sollten helfen, Gefahren abzuwenden, aber auch Glück, Gesundheit sowie geistige und weltliche Reichtümer zu erlangen.

Symbole der Liebe

Die Rose als Symbol der Liebe wird seit Jahrhunderten für Liebeszauber verwendet. Sie steht für Schönheit und Perfektion, die weiße Rose zudem auch für das Schweigen. Für Magier ist die Anzahl der Blütenblätter einer Rose bedeutsam: Sieben repräsentieren die sieben Grade vollkommener Perfektion, acht eine Wiedergeburt. Blumen, die für Liebeszauber verwendet wurden, erkennt man oft heute noch an ihren Namen, wie zum Beispiel Jungfer-im-Grünen, Vergissmeinnicht oder Immergrün.

*Rosen für die Liebe,
Sonnenblumen für das Glück*

Glück und Frieden anlocken

Um das Glück anzuziehen, verwendeten die Alchimisten im Mittelalter Johanniskraut und Frauenmantel. Andere Glücksbringer waren Sonnenblume, Apfelblüten, Eisenkraut, Salomonssiegel, Springkraut und auch Erika. Glück in Gelddingen verhießen Silberblatt, Fetthenne und Rosmarin. Flieder, Geißblatt und Mandelbäume sollten Wohlstand bringen.

Zur Abwehr böser Geister verwendete man Eiche, Eberesche, Haselnuss oder Weißdorn. Die Pfingstrose galt in China und Griechenland als heilig, in Europa zog man ihre Samen auf ein Stück weiße Schnur und trug sie als Talisman um den Hals. Die Italiener bevorzugten Ziest. Eines ihrer Sprichworte lautete: „Verkaufe deinen Mantel und kaufe dafür Ziest."

Wenn Sie in den eigenen vier Wänden eine Atmosphäre des Friedens und der Ruhe erzeugen wollen, eignen sich dazu folgende Pflanzen: Lavendel, Reseda, Ysop, Iris, Kamille, Mädesüß, Malve, Ilex und Efeu.

Magische Zeichen

In allen Kulturkreisen gibt es bestimmte Gegenstände, die angeblich magische Kräfte besitzen und die die Menschen bei sich tragen. So soll ein Talisman seinem Besitzer Vorteile verschaffen, wohingegen ein Amulett Gefahren und das Böse abwehrt. Hierfür werden meist Edelsteine, Monatssteine, Metalle, Kräuter und beschriebene Pergamentstreifen verwendet.

Wertvolle Edelsteine schätzt man wegen ihrer Schönheit und magischen Assoziationen. Früher wurden sie als Glücksbringer in einem Fingerring oder an einer Halskette getragen.

Der Ring gilt als Symbol für Erfüllung, Vollkommenheit und Unsterblichkeit, da er keinen Anfang und kein Ende hat. In dieser Tradition stehen auch Eheringe, die ihren Trägern Harmonie und Vervollkommnung verheißen. Oft ritzte man ein magisches Zeichen in einen Edelstein, bevor er – mit einem bestimmten Kraut als Unterlage, dessen magische Kräfte ihn durchdringen sollten – in einen Ring gefasst wurde.

Heinrich Cornelius Agrippa, ein zu seiner Zeit sehr berühmter Magier, der von 1486 bis 1535 lebte, beschrieb die Herstellung eines magischen Rings so:

„Steht ein Stern (Planet) in vorteilhafter Aszendenz zur Phase oder Konjunktion des Mondes, nimmt man den Stein und das Kraut, das unter jenem Stern wächst, und macht einen Ring aus dem passenden Metall; darin fasst man den Stein, das Kraut legt man darunter. Man vergesse nicht das Einritzen von Bildern, Namen und Schriftzeichen sowie das angemessene Beräuchern."

Mystische Edelsteine

Wählen Sie für Ihren persönlichen Glücksbringer jenen Edelstein, der in Beziehung zu Ihrem Geburtsmonat steht. Zur Verstärkung von Wirkung und Erfolg Ihrer Magie hingegen verwenden Sie den Stein des Monats, in dem Sie einen Zauber vollziehen.

JANUAR *Smaragd*

FEBRUAR *Heliotrop*

MÄRZ *Jade*

APRIL *Opal*

MAI *Saphir*

JUNI *Mondstein*

JULI *Rubin*

AUGUST *Diamant*

SEPTEMBER *Achat*

OKTOBER *Jaspis*

NOVEMBER *Perle*

DEZEMBER *Onyx*

Zeichen und Siegel

Es gibt etliche überlieferte Zeichen und Siegel, die man als wichtige Bestandteile der Magie schätzt. Vielleicht nutzen auch Sie eines für einen Zauber oder integrieren es in Ihren Glücksbringer.

Amulett gegen den bösen Blick

Frühlingssiegel

Magischer Kreis

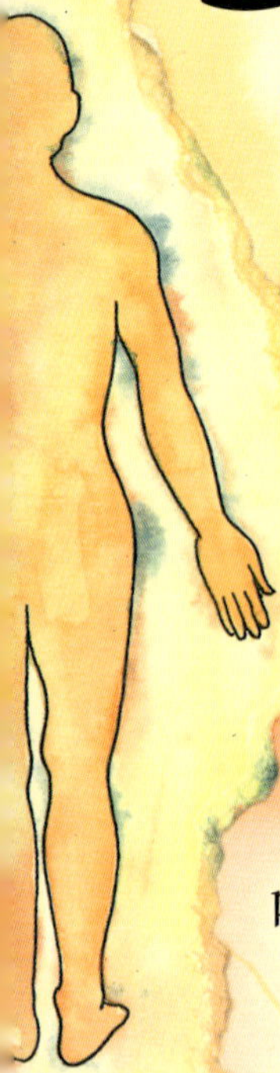

Sieben anregende und sinnliche Zauberrezepte bergen die Magie der Natur in sich und geben Ihrem Körper und Geist neuen Schwung. Auch in den Zeiten moderner Schulmedizin fühlen sich viele Menschen noch zu der uralten Weisheit ganzheitlicher Heilmethoden hingezogen. Die folgenden Sprüche werden im Einklang mit Mutter Natur Ihr physisches, seelisches und geistiges Befinden verbessern.

Duftender Talisman

Blumen des Lichts

Belebende Pfefferminze

Auf der Straße der Seele

Schönheit & Wohlbefinden

Erholsame Massage

Die Kraft der Sonne

Dämmerungszauber

Duftender Talisman

Ein ungarisches Schönheitselixier für leuchtendes Haar und jugendlichen Schwung.

Sie benötigen

Rosmarin- und Sonnenblumenöl

Papier und einen Füller mit roter Tinte

einen Rosmarinzweig

ein Glas Quellwasser

Im 14. Jahrhundert verschrieb ein Einsiedler der ungarischen Königin Izabella ein Schönheitselixier aus Rosmarinblüten. Izabella war damals 72 Jahre alt und gebrechlich, doch nachdem sie das Elixier ein Jahr lang benutzt hatte, war sie wieder so schön und voller Kraft, dass der König von Polen um ihre Hand anhielt. Rosmarin wird seit Jahrhunderten als Heilkraut eingesetzt und als wirkungsvolles Stimulans geschätzt. – „Der Duft der Blätter allein erhält den Menschen fürwahr jung." (Banckes' Kräuterbuch, 1525)

So geht es

Vermischen Sie fünf Tropfen Rosmarinöl mit 25 ml Sonnenblumenöl. Massieren Sie diese Mischung in Ihr Haar. Schließen Sie die Augen und atmen Sie tief ein. Schreiben Sie dann Ihren Namen mit roter Tinte auf das Papier, tauchen Sie den Rosmarinzweig in das Quellwasser und sprechen Sie:

„Meerestau, ich bitt' dich sehr,
bring Liebe und Freundschaft zu mir her."

Legen Sie das Papier ins Wasser, damit ihr symbolisches Wesen sich auflösen kann, und nehmen Sie es erst wieder heraus, wenn die Tinte verblasst ist. Waschen Sie nun das Öl aus Ihrem Haar. Spülen Sie es zum Schluss mit dem Quellwasser aus. Tragen Sie den Rosmarinzweig für den Rest des Tages bei sich.

Blumen des Lichts

Ein keltischer Winterzauber, der an dunklen und depressiven Tagen ihre Stimmung hebt.

Sie benötigen

Ein großes rundes gelbes Stoffstück

Johannis-krautöl

zwei gelbe Kerzen

gelbe Blumen

Wegen seiner leuchtend gelben Blüten sahen die Kelten im Johanniskraut (Hypericum perforatum) ein Symbol der Heilkraft der Sonne. Es ist der König unter den magischen Pflanzen und beschützt vor negativen Einflüssen.

So geht es

Breiten Sie den Stoffkreis auf dem Boden aus und beträufeln Sie ihn mit wenigen Tropfen des blutroten Johanniskrautöls. Bestreichen Sie die Kerzen mit dem Öl und teilen Sie die Blumen in zwei Sträuße. Setzen Sie sich in die Mitte des Stoffkreises und legen Sie jeweils links und rechts einen Strauß auf den Rand des Kreises. Zünden Sie die Kerzen an und platzieren Sie sie vor und hinter sich auf dem Rand des Kreises. Legen Sie je eine Blüte auf Ihre Handflächen, konzentrieren Sie sich auf das Licht der Kerze vor Ihnen und sprechen Sie:

„O heilendes Licht, umfange mich,
erhell meinen Geist in dunkler Stund'."

Stellen Sie sich vor, wie der Duft und das Licht der Kerzen über die Blüten auf Ihren Handflächen in Ihren Körper eindringen. Versuchen Sie, die Konzentration 20 Minuten lang aufrechtzuerhalten. Wenn Sie sich anschließend erheben, wird die Melancholie von Ihnen abfallen. Um den Zauber zu vollenden, geben Sie die Blüten der Natur zurück.

Belebende Pfefferminze

Wenn Sie sich einmal nicht ganz auf der Höhe fühlen, wird Pfefferminze Ihren Geist beleben.

Sie benötigen

Pfefferminztee

Pfefferminzöl

eine große Schüssel Wasser

Pfefferminze (Mentha piperita) wurde von den alten Ägyptern, Griechen, Chinesen, Japanern und Römern in Ehren gehalten. Griechische Athleten benutzten ihr Öl vor Wettkämpfen als Muskeltonikum und allgemein als Erfrischungsmittel. Der Name leitet sich von dem lateinischen Wort „mente" – Gedanke – ab, denn die Römer setzten Minze auch zur Stimulation des Gehirns ein. Für diesen Zauber benötigen Sie eine halbe Stunde Zeit.

So geht es

Brühen Sie den Pfefferminztee auf und lassen Sie ihn fünf Minuten ziehen. In der Zwischenzeit bereiten Sie ein Fußbad vor, indem Sie in eine große Schüssel mit heißem Wasser fünf Tropfen Pfefferminzöl geben. Rühren Sie das Öl im Uhrzeigersinn in das Wasser ein, und während Sie zuschauen, wie die Ölringe sich im Wasser auflösen, sprechen Sie:

„Zerstreue alle Sorgen mir,
beleb meine Geister jetzt und hier."

Kuscheln Sie sich anschließend in einen bequemen Sessel und trinken Sie den Tee – mit den Füßen in der Schüssel. Schließen Sie die Augen und fühlen Sie, wie die Wärme von den Füßen her aufsteigt. Wenn die Wärme und das Aroma Ihren Geist umfangen haben, wird Ihr ganzer Körper neu belebt sein.

Auf der Straße der Seele

Ein indianisches Ritual, das Körper, Geist und Seele in Harmonie versetzt.

Sie benötigen

eine Feder

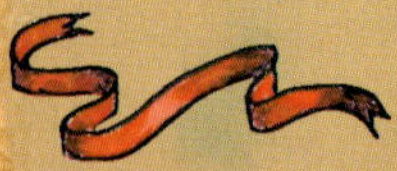

ein langes rotes Band

rote, schwarze, gelbe und weiße Bohnen

Die Indianer glauben, dass alle Menschen Teile eines großen Geistes sind und sich auf der „menschlichen Reise" befinden. Unser Körper ist eine Hülle, die wie alles Lebende nach dem Tod zu Mutter Erde zurückkehrt, während unser Geist wieder Teil des einen Geistes wird, der unsichtbaren Welt. Viele Menschen leben in Städten und sind nicht mehr eins mit der Natur und dem Kreislauf des Lebens. Mit dem folgenden Ritual können Sie Ihr inneres Gleichgewicht zurückerlangen. Die Farben Rot, Schwarz, Gelb und Weiß symbolisieren dabei die menschlichen Völker.

So geht es

Suchen Sie einen Ort, wo Sie mit der Natur allein sein können. Stellen Sie sich vor, dass Sie eine Tür durchschreiten und den Alltag hinter sich lassen. Gehen Sie im Uhrzeigersinn umher, bis Sie den Wunsch verspüren anzuhalten. Legen Sie die Feder dort nieder. Legen Sie das Band nun kreisförmig um die Feder. Platzieren Sie in jedem Viertel des Kreises einige der Bohnen. Heben Sie dann die Feder auf und setzen Sie sich an diese Stelle. Sehen Sie sich um und nehmen Sie den Geist des Ortes in sich auf. Öffnen Sie all Ihre Sinne und atmen Sie die Luft ein, die alle Lebewesen atmen; wie durch ein Netz sind Sie mit ihnen verbunden. Fühlen Sie den Wind auf Ihrem Gesicht, die Feder in Ihrer Hand, und wie sich Ihr Gleichgewicht einstellt. Bewahren Sie die Feder und die Bohnen gut auf – sie sollen Sie daran erinnern, dieses Ritual möglichst oft zu wiederholen.

Ursprünge der Magie

Die Magie der großen alten Kulturen besitzt eine ungeheure Faszination. Schriften und Artefakte der alten Ägypter, Babylonier und Griechen gewähren uns Einblicke in die Zauberkunst der Vergangenheit und ihren Einfluss auf die heutige Magie.

Ägypten

Die Ägypter galten im Altertum als die Meister der Magie. Man sagte damals: „Zehn Maß Magie wurden der Welt gegeben. Ägypten nahm davon neun, der Rest eines." Die Zauberkunst der Ägypter wurde durchdrungen von dem Glauben an die Wiedergeburt und der Fähigkeit, in allen lebenden und toten Dingen ein göttliches Wirken zu sehen. Sie unterschieden als Erste verschiedene Arten von Magie: „ua" oder die „niedere Magie" befasste sich mit der materiellen Welt, mit Gesundheit, Reichtümern und Glück; „hekau", die „hohe Magie", mit Geist und Seele.

Die ägyptische Magie wurde vor allem durch das „Buch der Toten" überliefert, eine Sammlung von Zaubersprüchen und Ritualen, die die Seele auf ihrer langen Reise ins Leben nach dem Tod vor Gefahren schützen sollten.

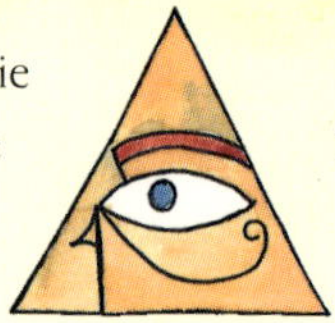

Horusauge

Osiris

Horus

Um ihre magischen Wörter zu bewahren, entwickelten die Ägypter die Hieroglyphen. Eine davon, das Horusauge, wird oft in der Magie verwandt. Horus war der Sohn von zwei Hauptgöttern, Osiris und Isis. Osiris' Bruder Seth tötete Osiris aus Eifersucht. Horus wollte seinen Vater rächen. Er griff Seth an und verlor in dem Kampf sein Auge. Das Auge galt im alten Ägypten jedoch als Symbol der Seele, und ohne Auge wäre Horus der Eintritt in das Leben nach dem Tode verwehrt worden. Thoth, der vogelköpfige Gott der Weisheit, gab Horus sein Auge in Form eines Amuletts zurück. Um ihren Toten den Zugang zur Unterwelt zu sichern, legten die Ägypter ihnen daher Augenamulette mit ins Grab. Auch die mystischen Traditionen Haitis, Indiens und neuzeitliche Kulte wie Wicca, Voodoo und

Ischtars Stern

Obeah beinhalten das Symbol des Auges in der Form des „allsehenden" oder „dritten Auges".

Babylon

Ischtar

Das babylonische Reich der Antike ist eine reiche Quelle der Magie. Die Babylonier entwickelten eine „Knotenmagie". Mit dem Binden und Lösen von Knoten versuchten sie Gesundheit, Schicksal und Liebe zu beeinflussen. Aus Babylon stammt auch die Verwendung von Wachsfiguren bei vielen magischen Zeremonien. Eine Schlüsselfigur war Ischtar, die Göttin der Fruchtbarkeit und Liebe. Sie wurde angerufen, um böse Geister auszutreiben. Der achtstrahlige Stern Ischtars war ein schützender Talisman. Ischtar ist die Vorläuferin des Flaschengeistes, der einem jeden Wunsch erfüllen soll.

Griechenland

Es ist bekannt, dass die alten Griechen Meister im logischen Denken waren. So brachten zum Beispiel die Pythagoreer berühmte Mathematiker hervor, doch sie praktizierten auch eine von philosophischer Spekulation beeinflusste Magie.

Besonders wichtiger Bestandteil der griechischen Zauberkunst war der Glaube an die heiligen „Eigenschaften der Namen" und dass der Lebensweg einer Person aus ihrem Namen deutbar ist. Buchstaben und Wörtern wurden große magische Kräfte zugeschrieben – auch das Wort „Abrakadabra" ist übrigens griechischen Ursprungs. Damals wurden die Buchstaben des Wortes pyramidenförmig aufgeschrieben und als Schutz vor dem Bösen um den Hals getragen. Zur Bekämpfung von Krankheiten wiederum schrieb man sie auf Papyrus und warf sie in einen ostwärts fließenden Strom. Die Krankheit sollte dadurch mit den Buchstaben ins Meer gespült werden. Ihren Namen gaben die Griechen nur guten Bekannten preis, um sich so vor dem schädlichen Zauber durch Fremde zu schützen.

ABRACADABRA
ABRACADABR
ABRACADAB
ABRACADA
ABRACAD
ABRACA
ABRAC
ABRA
ABR
AB
A

Die Griechen kannten auch Rituale, bei denen Tiere geopfert wurden. Wenn zum Beispiel ein Gebäude errichtet werden sollte, tötete man einen Hahn oder ein Lamm über dem Grundstein und begrub das Tier darunter.

Griechischer Talisman

Erholsame Massage

Ein uralter Druidenzauber, der Körper und Geist erfrischt.

Sie benötigen

frische Eisenkrautblätter

Rosenblütenessenz, Sandelholz- und Sonnenblumenöl

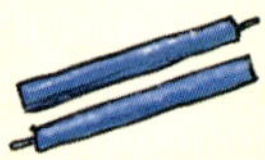

zwei blaue Kerzen

Das Eisenkraut (Verbena officinalis) war eine der heiligsten Pflanzen der Druiden. Sie benutzten es zur Weissagung und für ihre wichtigsten Zauberrezepte. Es hieß, jemand, der Eisenkraut bei sich trage, werde unsichtbar und könne fliegen. Das wird Ihnen mit diesem Zauber wohl nicht gelingen, aber Ihrem Geist kann er durchaus Flügel verleihen.

So geht es

Pflücken Sie das Eisenkraut an einem Vollmondtag. Fangen Sie die Mondstrahlen darin ein, indem Sie die Blätter in Ihren Händen halten, sich dem Mond zuwenden und mehrmals sprechen:

„Erfüllt euch mit dem Licht der Macht,
dient kraftvoll mir bei Tag und Nacht."

Vor der Massage legen Sie das Eisenkraut in kochendes Wasser und lassen es darin zehn Minuten lang ziehen. Währenddessen vermischen Sie zwei Tropfen der Rosenblütenessenz und fünf Tropfen Sandelholzöl mit 25 Milliliter Sonnenblumenöl. Gießen Sie den Kräuteraufguss durch ein Sieb in Ihr Badewasser und baden Sie zehn Minuten lang darin. Danach begeben Sie sich in einen warmen Raum, zünden die Kerzen an und massieren sich mit dem Öl. Beginnen Sie mit den Beinen und bewegen Sie sich von dort aufwärts. Schließen Sie am Ende Ihre Augen und atmen Sie mehrmals tief durch.

„Erfüllt euch mit dem Licht der Macht,
dient kraftvoll mir bei Tag und Nacht."

Die Kraft der Sonne

Eine sommerliche Zeremonie, die von den Anden bis zum Himalaja für körperliches Wohlbefinden sorgt.

Sie benötigen

zwei Spiegel

zwei Vasen mit orangefarbenen Blumen

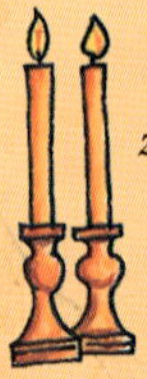

zwei orangefarbene Kerzen

ein Stück weißes Band

Dieser siebentägige Zauber wird am besten um die Sommersonnenwende vollzogen. Der Juni ist die Zeit des „Erdbeermonds“: Bauern ernten dann im Licht des Mondes Erdbeeren und andere Feldfrüchte. Wenn die Tage am längsten und die Nächte am kürzesten sind, öffnet sich die symbolische „Tür in das Jahr“, die den Leben spendenden Sonnenschein und alle guten Dinge hereinlässt. Bereiten Sie diesen Zauber schon einige Tage vorher vor, da Sie überprüfen müssen, ob die Spiegel richtig positioniert sind.

So geht es

In einem Zimmer mit Morgensonne stellen Sie die Spiegel in entgegengesetzten Zimmerecken auf, sodass die Sonnenstrahlen von einem auf den anderen reflektiert werden. Positionieren Sie die Vasen vor den Spiegeln. Markieren Sie auf den Kerzen sieben gleich große Abschnitte und stellen Sie sie in die Nähe der Spiegel. Sobald die Sonne auf die Spiegel fällt, zünden Sie die Kerzen an. Während der erste Abschnitt herunterbrennt, wickeln Sie ein Ende des Bandes um Ihren rechten Zeigefinger und lassen es von dort herunterhängen. Stellen Sie sich nun in den Lichtstrahl zwischen den Spiegeln und drehen Sie sich langsam im Uhrzeigersinn. Lassen Sie die Sonnenstrahlen über das Band in Ihren Körper fließen. Bitten Sie die Sonne um Gesundheit und geistiges Wohlbefinden. Wiederholen Sie die Zeremonie an den nächsten sechs Tagen, wobei Sie die Kerzen jeweils bis zur nächsten Markierung abbrennen lassen.

Dämmerungszauber

Ein aus Europa stammender Tanz im Tau, der Sie am frühen Morgen in Schwung bringt.

Sie benötigen

eine Blüte

leichte, fließende Kleidung

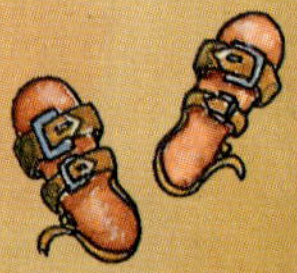

Ein Paar Sandalen

Sowohl in der klassischen Mythologie als auch im Volksglauben wird dem Tau eine magische Bedeutung als Schönheits- und Stärkungsmittel zugeschrieben. Alchimisten nannten ihn „Himmelswasser". Frauen aller Gesellschaftsschichten pflegten auf die Felder zu gehen, um sich mit Tau das Gesicht zu waschen. Führen Sie diesen Zauber in der frühen Morgendämmerung aus.

So geht es

Eine wilde Wiese ist der ideale Ort für diesen Zauber. Pflücken Sie am Vortag eine Blüte. Stehen Sie am folgenden Morgen zeitig auf und ziehen Sie das Gewand und die Sandalen an. Gehen Sie mit der Blüte in der Hand schweigend zur Wiese und atmen Sie den süßen Morgenduft tief ein. Ziehen Sie die Sandalen aus und genießen Sie das samtige Gefühl unter den Füßen. Waschen Sie Gesicht und Hände mit Tau und sprechen Sie:

„Umfangt mich von des Tag's Beginn
bis zu des Tages Kehre,
Luft, Erde, Feuer, Wasser: Dank!
Dem Einen nur sei Ehre."

Sollte Ihnen danach zu Mute sein, ziehen Sie das Gewand aus und genießen Sie die Magie des Taus mit dem ganzen Körper.

Luft
Erde
Feuer
"Umfangt mich von des Tag's Beginn
bis zu des Tages Kehre.
Luft, Erde, Feuer, Wasser: Dank!
Dem Einen nur sei Ehre."
Wasser

Im folgenden Kapitel werden sieben Zauberrezepte erläutert, die Ihnen dabei helfen können, eine neue Liebe zu gewinnen oder einem Menschen näher zu kommen. Aber Achtung: Der Zauber kann nicht wirken, wenn die Person, an die Sie denken, schon in einer Liebesbeziehung lebt oder nicht zu Ihnen passt. Doch auch falls Sie selbst bereits liiert sind und Ihrer Beziehung ein wenig Würze verleihen möchten, ist ein Liebeszauber genau das Richtige.

Östliche Verheißung

Ritueller Tanz

Ein Liebestrank

Maya-Visionen

Liebes-Zauber

Liebesspindel

Die magische Rose

Den Samen der Liebe hegen

Östliche Verheißung

Ein sinnliches Rezept aus Indien, das Ihrer Libido Flügel verleiht.

Sie benötigen

„Die Würze des Lebens“

ein Öllämpchen

Moschus- und Patschuliöl

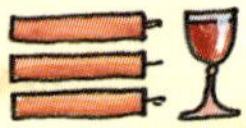

rosafarbene Kerzen und etwas Wein

Bereiten Sie das folgende Gericht, „Die Würze des Lebens“, am Tag vor der Anwendung zu.

Zutaten: 4 Esslöffel Öl, 3 Gewürznelken, 1 kleine Zimtstange, 1 grüne Kardamomschote, 3 große Zwiebeln, jeweils 1 Teelöffel Kreuzkümmel, Koriander, Ingwer, Kurkuma und Salz, je nach Geschmack 1/4 bis 1 Teelöffel Chilipulver, 600 Gramm Gemüse, 2 Teelöffel frischer Knoblauch, Basmatireis.

Zubereitung: Das Öl in einer großen Pfanne erhitzen, dann Nelken, Zimt und Kardamom hineingeben. Nach zwei Minuten die gehackten Zwiebeln dazufügen und fünf Minuten lang bei mittlerer Hitze kochen. Die übrigen Gewürze zu den Zwiebeln geben. Zehn Minuten köcheln lassen, gelegentlich umrühren. Dann das Gemüse zugeben, gut mit den Gewürzen verrühren, zuletzt mit dem Knoblauch würzen. Die Zutaten mit Wasser bedecken. Gemüse 1/2 Stunde köcheln lassen. Nach dem Abkühlen im Kühlschrank aufbewahren.

So geht es

Lassen Sie Tropfen der ätherischen Öle verdampfen und zünden Sie die Kerzen an. Kochen Sie nun den Reis und wärmen Sie „Die Würze des Lebens“ auf. Sprechen Sie dabei:

„Aum mani padme hum.“
(Heil dem Juwel im Lotus.)

Genießen Sie mit Ihrem Partner den Wein und das Essen. Danach werden Sie für alles bereit sein!

Ritueller Tanz

Ein afrikanischer Tanzzauber, der Ihrer Partnerschaft Dauer verleiht.

Sie benötigen

Holz für ein kleines Feuer

eine Flasche mit Wein

dreizehn kleine Kiesel

einen Zweig mit grünen Blättern

Initiationsriten, die den Übergang in einen neuen Lebensabschnitt begleiten, beinhalten oft rituelle Tänze. Überall in Afrika tanzt man sie nach einer Geburt oder anderen großen Anlässen. Um eine optimale Wirkung zu erzielen, sollten Sie diesen Tanz im Freien und bei Vollmond tanzen. Falls dies nicht möglich ist, benutzen Sie in Ihrer Wohnung ein Öllämpchen, um das Feuer zu ersetzen.

So geht es

Suchen Sie mit Ihrem Partner einen ruhigen Ort auf, an dem Sie gefahrlos ein kleines Feuer anzünden können. Nehmen Sie einen Schluck Wein. Legen Sie mit den Kieseln einen Kreis um das Feuer und bleiben Sie innerhalb dieses Kreises. Schauen Sie nun beide intensiv in das Feuer und umtanzen Sie es siebenmal im Uhrzeigersinn. Anschließend pflücken Sie ein Blatt von dem Zweig, befeuchten es beide mit Wein und verbrennen es. Sprechen Sie dabei:

„Dies haben wir beide geteilt
mit Feuer, Wasser, Luft und Erde;
unsere Herzen sind nun eins,
und der Samen der Liebe gedeiht."

Trinken Sie dann auf Ihr Wohl und löschen Sie das Feuer.

Ein Liebestrank

Ein italienischer Trank aus Likör und Kräutern, seit langem als Aphrodisiakum geschätzt.

Sie benötigen

eine Silbermünze

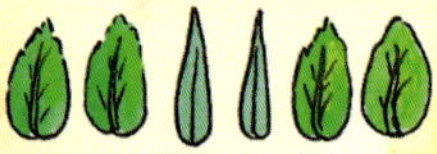

einige Basilikum- und Salbeiblätter

zwei Kelche

etwas Stregalikör oder Honigwein

Vielen teuren Gerichten und Getränken wird eine aphrodisierende Wirkung nachgesagt; das einzige nachweisbar wirksame Aphrodisiakum ist Alkohol. „Strega" ist das italienische Wort für „Hexe". Der Likör gleichen Namens kommt aus der für ihre Hexenkunst bekannten Region Benevento. Strega soll ursprünglich ein Hexentrank gewesen sein. In England verwendete man Met (Honigwein) als Aphrodisiakum. Frischvermählte tranken ihn einen Monat lang täglich, um ihre sexuelle Potenz zu stärken – daher kommt übrigens auch die englische Bezeichnung „honeymoon" für die Flitterwochen. Liköre und Weine stimulieren am besten, sollten aber stets nur in kleinen Mengen genossen werden.

So geht es

Tragen Sie die Silbermünze eng am Körper. In der nächsten Vollmondnacht legen Sie sie auf ihre Handfläche und halten sie ins Mondlicht. Denken Sie dabei an die geliebte Person, um sie mit der Energie des Mondes aufzuladen. In der Nacht, in der Sie den Liebestrank einsetzen wollen, berühren Sie mit der Münze die Basilikum- und Salbeiblätter und legen Sie diese dann kreisförmig um die beiden Kelche, damit die Mondenergie in den Liebestrank gelangen kann. Gießen Sie den Likör ein und lassen Sie den Trank eine Stunde lang stehen, bevor Sie mit Ihrem Partner davon kosten. Schon bald werden Sie beide in der Stimmung sein, sich zu vereinigen.

Maya-Visionen

Dieser uralte Mayazauber verrät, wer die oder der zukünftige Geliebte sein wird.

Sie benötigen

etwas Maismehl und Quellwasser

einen Obsidianstein

eine kleine Schüssel

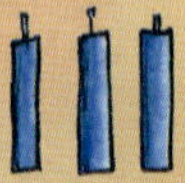

drei blaue Kerzen

Die Maya glaubten, dass Worte die Fäden sind, die sie mit der „anderen", übersinnlichen Welt verbinden. Die Konzentration auf einen Obsidian, den „Stein des Lichts", wird Ihnen helfen, mit der Welt der Geister in Kontakt zu treten und die oder den zukünftigen Geliebten zu sehen. Solche Visionen setzen allerdings eine große Konzentration voraus. Bei diesem Zauber wird Maisgrütze, die geheiligte Urnahrung, eingesetzt.

So geht es

Stellen Sie eine Maisgrütze her, indem Sie etwas Maismehl mit dem Quellwasser vermischen und so lange erhitzen, bis sie dickflüssig wird. Nach dem Abkühlen bedecken Sie den Obsidian mit der Maisgrütze, um ihn zu reinigen. Dies müssen Sie unbedingt mit den Händen tun. Legen Sie den Obsidian nun in die Schüssel und bedecken Sie ihn mit Quellwasser. Waschen Sie dann Ihre Hände mit Quellwasser. Zünden Sie die blauen Kerzen an und stellen Sie sie auf eine Seite der Schüssel. Sie selbst setzen sich auf die andere Seite. Konzentrieren Sie sich zunächst auf die Kerzen und sprechen Sie Ihre Wünsche in leisem Singsang aus. Sprechen Sie weiter und betrachten Sie nun den Obsidian. Schauen Sie tief in den Stein hinein und konzentrieren Sie sich darauf, dass Ihre Worte ein Teil von ihm werden. Eventuell müssen Sie den Zauber mehrmals wiederholen, bevor Sie bereit sind zu „sehen".

Indianische Magie

Das magische Erbe Amerikas ist so groß wie der Kontinent selbst. Viele Relikte seiner magischen Vergangenheit haben überlebt und einige Traditionen werden von den Indianern noch heute gepflegt.

Die Indianer Nordamerikas

Der magische Kreis war für das Leben und den Glauben der Indianerstämme von zentraler Bedeutung. Der Kreis symbolisierte das Grundmuster der Natur, in dem alles miteinander verknüpft ist. Dass der Mittelpunkt zu jedem Punkt auf der Kreislinie die gleiche Entfernung hat, stand für die Gleichwertigkeit jeglichen Lebens. Wenn also ein Abschnitt des Kreises beschädigt wurde, schadete dies irgendwann allen anderen, weil alle Menschen von der Mutter Erde abhängig sind.

Magische Rassel

Symbolische Feder

In sehr vielen Indianerstämmen waren so genannte Medizinräder verbreitet, und manche der gefundenen Räder sind vermutlich älter als 1000 Jahre. Es handelte sich um runde Steinanlagen, die nach der Sonne ausgerichtet waren. Medizinbündel hatten magische Schutzfunktionen; ihr Inhalt – Federn, Kiesel, Samen, Holz und Tierklauen – repräsentierte Verbündete in der Natur. Medizinbeutel galten als heilig, und die Indianer benutzten sie unter anderem bei der Suche nach Visionen und bei Sonnentänzen.

Federn wurden spirituelle Kräfte nachgesagt, verkörpert in dem Vogel, von dem sie stammten. Der Adler galt wegen seines scharfen Blicks und der Fähigkeit, besonders hoch zu fliegen, als der mächtigste Vogel. Er konnte die Gebete der Menschen zum „Großen Geist" tragen. Schilde und Kultobjekte wurden mit Federn geschmückt, und magische Rasseln sollten die bösen Geister vertreiben. Die Magie der nordamerikanischen Indianer diente vor allem dazu, die Menschen in Einklang mit sich selbst und dem Kreislauf des Lebens zu bringen.

Die Maya

Um die Weisheit des Universums einzufangen, bauten die Maya auf den Plattformen ihrer pyramidenförmigen Steinbauwerke große und schöne Tempel. In der Nähe dieser Kultstätten befanden sich Spielfelder. Dort wurden Ballspiele ausgetragen, die nicht nur athletische Wettkämpfe waren, sondern auch durchdrungen von der Vorstellung des Todes und der Opferung. Hauptgott der Maya war Itzamna, ein gütiger Gott, der die Zeichen- und Schreibkunst in die Welt brachte. Die Magie der Maya basierte auf dem Anbau von Mais. In aufwendig bemalten Gefäßen brachte man dem Maisgott Ah Mun Maisgrütze als Opfer dar: Sie symbolisierte Leben und Wiedergeburt. Die Maya glaubten zwei Seelen zu besitzen, von denen eine unsichtbar und in dreizehn Teile gespalten war. Diese Teile konnten von bösen Hexen gestohlen und an den Herrn der Erde, Ah Puch, verkauft werden. Seher suchten dann das fehlende Teil mithilfe von „sprechenden Steinen", die geistige Kräfte bündeln und Seelenreisen ermöglichen sollten. Diese Steine, auch „Steine des Lichts" genannt, sind die Vorläufer der Kristallkugel.

Ah Mun

Itzamna

Die Inuit

Die Inuit oder Eskimos glaubten an eine überirdische Welt und an eine Unterwelt, die von der Göttin Sedna beherrscht wurde. Sednas Vater bestrafte sie wegen ihrer Widerspenstigkeit, indem er sie auf offener See aus dem Boot warf. Sedna klammerte sich an den Bootsrand, doch ihr Vater schnitt ihr die Finger ab, die zu Seehunden wurden, sobald sie mit dem Wasser in Berührung kamen. Aus dem Meer stammt ein Großteil der Nahrung der Inuit. Schamanen vollführten maskierte Rituale, um eine gute Beute zu gewährleisten. Bei der Jagd zu Land trugen die Inuit Gürtel als Schutzzauber. Die Geister der getöteten Tiere wurden beschworen, und man besänftigte sie, indem man alle nicht genutzten Teile des Tierkörpers an den Fangort zurückbrachte. Dadurch sollte sein Geist wiedergeboren werden.

Mondgeistmaske

Dose mit Seehundgeist

Liebesspindel

Ein altenglischer Zauber, der eine geliebte Person anzieht.

Sie benötigen

eine rosafarbene Kerze und einen Cocktailspieß

einen Streifen Papier

rote, grüne und weiße Bänder

ein Stück Spindelholz

Das Holz des Spindelstrauchs (Euonymus europaeus) wurde traditionell zum Spinnen von Wolle benutzt – meist von unverheirateten jungen Frauen. Ein runder Stein mit einem Loch in der Mitte sorgte dafür, dass die Spindel sich drehte – so entstand die Assoziation mit dem männlichen und weiblichen Geschlecht. Um den geliebten Menschen anzuziehen, sollten Sie diesen Zauber an einem Freitag, dem heiligen Tag der Liebesgöttin Venus, und bei zunehmendem Mond vollziehen.

So geht es

Beginnen Sie diesen Zauber an einem Freitagabend im Mondschein. Stellen Sie sich das körperliche und geistige Wesen des begehrten Menschen vor und geben sie ihm oder ihr einen magischen Namen. Ritzen Sie diesen Namen mit dem Cocktailspieß in die Kerze. Schreiben Sie Ihren Namen auf einen dünnen Papierstreifen und flechten Sie ihn dann in die Bänder ein. Halten Sie die verflochtenen Bänder, die Kerze und die Spindel ins Mondlicht und bitten Sie Venus, sie zu segnen. Stellen Sie die Kerze auf und zünden Sie sie an. Während der in die Kerze geritzte Name langsam schmilzt, binden Sie die verflochtenen Bänder im Uhrzeigersinn um die Spindel. Versiegeln Sie die Bandenden mit Wachs an der Spindel. Tragen Sie die Spindel dicht an Ihrem Körper, wenn Sie zu Bett gehen. Entfernen Sie die Bänder am nächsten Tag, um den Zauber freizusetzen und so die Liebe anzuziehen.

Die magische Rose

Ein alter deutscher Zauber, der den Mann oder die Frau Ihrer Träume zu Ihnen führt.

Sie benötigen

eine rote und eine weiße Rose

eine Rolle Pergamentpapier

eine Locke Ihres Haares

ein kurzes Stück rosafarbenes Band

Dieser Zauber stammt aus einer Zeit, als in deutschen Landen Rosen als Symbole des Schweigens galten. Eine weiße Rose oder ein Abbild derselben wurde von Menschen getragen, die im Geheimen miteinander sprechen wollten. Insbesondere Liebesgeflüster sollte geheim bleiben, weil die Rose der Liebesgöttin Venus heilig war. Der Legende nach soll Venus errötet sein, als Jupiter sie beim Baden überraschte – dadurch wurden die weißen Rosen rot. Der beste Zeitpunkt für diesen Zauber ist der zunehmende Mond im Juni.

So geht es

Am besten eignen sich ältere Rosenzüchtungen mit üppigem Duft, zum Beispiel die weiße „Schneeball" und die rote „Kardinal Richelieu". Achten Sie darauf, dass die Blüten noch nicht ganz geöffnet sind. Auf dem Pergamentpapier notieren Sie die Beschreibung des Traumpartners, den Sie gern kennen lernen möchten, anschließend rollen Sie es um Ihre Haarlocke. Schneiden Sie die beiden Rosen in der Mitte durch. Stecken Sie das Pergamentpapier mit der Haarlocke darin zwischen je eine rote und eine weiße Hälfte und binden Sie das Ganze mit dem rosafarbenen Band zusammen. Küssen Sie dann jede der beiden Rosenhälften und werfen Sie das Bündel in ein fließendes Gewässer, etwa einen Fluss oder eine Quelle. Begraben Sie die übrig gebliebenen Rosenhälften in der Erde und bitten Sie dabei Venus, Ihren Zauber zu segnen.

Oh Venus, bitte
bring mir einen Lieb-
haber voller Wärme
und Humor
und Sinnlichkeit

Den Samen der Liebe hegen

Ein Zauber aus Osteuropa, der die Treue Ihres Partners sichern soll.

Sie benötigen

etwas Blumenerde

einen kleinen Blumentopf

eine Hand voll Ringelblumen-samen

Die Ringelblume (Calendula officinalis) ist seit jeher ein Symbol für Beständigkeit. Das Wort „calendula" ist vom lateinischen „calends" abgeleitet, das den ersten Tag des Monats bezeichnet. In dem für sie idealen Klima der Mittelmeerländer blüht diese Pflanze an jedem Monatsersten und erinnert dadurch an den weiblichen Monatszyklus. In Britannien nannte man die Ringelblume auch „Sommerbraut". Sie wurde in Hochzeitskränze eingeflochten und ihre Blüten wurden vor die Tür der Braut gestreut. Sie galt auch als „Trösterin von Herz und Geist".

So geht es

Zunächst müssen Sie heimlich etwas Erde besorgen, die der geliebte Partner betreten hat. Im späten Frühling oder im Sommer pflanzen Sie die Samen in den Topf – am besten bei Vollmond oder zunehmendem Mond. Summen oder singen Sie dabei leise vor sich hin und hegen Sie liebevolle Gedanken an Ihren Partner. Stellen Sie den Topf an ein sonniges Fenster, wässern und pflegen Sie die wachsenden Pflänzchen regelmäßig. Damit die Kraft des Zaubers nicht geschwächt wird, sollten diese besonderen Blumen niemals gepflückt werden. Sammeln Sie im Herbst die neuen Samen ein, um sie im nächsten Jahr auf die gleiche Weise zu pflanzen. Wenn Sie einen Garten besitzen, suchen Sie einen besonderen Platz für die Liebessaat aus. So symbolisiert sie Dauer und Beständigkeit und verschönert Ihren Garten.

Die folgenden sieben Zauberrezepte sorgen für Wohlstand, Erfolg im Beruf und bei der Kariere sowie für Glück in finanziellen Angelegenheiten. Die Magie wird Sie nicht über Nacht steinreich machen, aber sie verbessert Ihre Chancen deutlich und ebnet Ihnen den Weg zum großen Glück. Wie bei den meisten Dingen im Leben kommt man jedoch auch hier nur mit Mühe und Aufrichtigkeit zum Erfolg.

Stress wegpacken

Schuhe des Erfolgs

Ein Problem ausschwitzen

Karriereschub

Ruhm & Reichtum

Das Kriegsbeil begraben

Segen der Arbeit

Apfel und Meer

Stress wegpacken

Ein Zauber vom Mittelmeer, der Ihnen die Kraft gibt, eine Stresssituation zu überstehen.

Sie benötigen

ein selbst genähtes Stoffsäckchen

etwas trockene Erde

ein Sträußchen Borretschblüten

Wir alle leiden von Zeit zu Zeit unter Stress. Den unten beschriebenen Talisman können Sie ohne jedes Aufsehen mit zur Arbeit nehmen oder in anderen Stress bereitenden Situationen einsetzen. Das unübertroffene Mittel der Heilmagie ist die Muttererde, der alles Leben entspringt. Zusammen mit etwas Borretsch, der Blume der Tapferkeit, und einem Teil Ihrer selbst hilft Sie Ihnen auch in den schwierigsten Situationen.

So geht es

Das Stoffsäckchen kann sehr schlicht sein, aber es ist wichtig, dass Sie es mit Ihren eigenen Händen genäht haben, sodass etwas von Ihnen selbst darin ist. Es muss groß genug sein, um beide Hände aufnehmen zu können, und mit einer Schnur zu verschließen sein. Sie können auch Ihre Initialen in Ihren Lieblingsfarben darauf sticken. Sammeln Sie dann an einem hellen, sonnigen Tag einige Hände voll trockener Erde und ein paar Borretschblüten. Fühlen Sie die warmen Sonnenstrahlen auf Ihrem Körper, die Erde und die Blüten in Ihren Händen, und prägen Sie sich diesen Moment gut ein. Wenn die Blüten getrocknet sind, füllen Sie sie zusammen mit der Erde in das Säckchen. Verschließen Sie es mit der Schnur und halten Sie es fortan stets in Reichweite. Wann immer Sie etwas belastet, wird es nur einen Moment dauern, bis Sie mit Ihren Händen Erde und Blüten berühren, die Erinnerung freisetzen und die Zauberkraft von Mutter Erde spüren können.

Schuhe des Erfolgs

Ein schottischer Zauber für besondere Momente, wenn Sie Glück in finanziellen Angelegenheiten benötigen.

Sie benötigen

eine Goldmünze

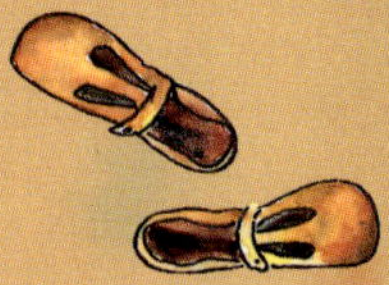

ein Paar alte Schuhe

In vielen Teilen der Welt haben Schuhe eine besondere Bedeutung. Der Vater einer angelsächsischen Braut gab die Schuhe seiner Tochter ihrem Angetrauten, der damit ihren Kopf berührte – so wurde der Übergang der Autorität vom Vater zum Ehemann symbolisiert. Bereits in uralten Zeiten, etwa bei semitischen Völkern, sah man einen Zusammenhang zwischen Schuhen und der Seele. Wenn ein Boot ablegte, warf man ihm Schuhe nach, um ihm Glück zu bringen. Die Schuhe, die Sie für diesen Glückszauber benutzen, müssen auf jeden Fall alt sein.

So geht es

Laden Sie die Goldmünze an einem Montagmorgen mit Sonnenlicht auf, indem Sie sie vor sich hochhalten und sprechen:

„Rasch soll dieses Gold sich mehren,
nimmermehr will ich's entbehren."

Legen Sie die Münze nun in den linken Schuh und ziehen Sie beide Schuhe an. Gehen Sie im Uhrzeigersinn dreimal im Kreis und ziehen Sie die Schuhe wieder aus. Wiederholen Sie das Ritual an den drei folgenden Tagen. Am dritten Tag nehmen Sie die Münze heraus und befestigen sie mit Klebeband in Schuhen, die Sie regelmäßig tragen. Wenn Sie die Münze niemals ausgeben, wird sie Ihnen Glück bringen.

Ein Problem ausschwitzen

Mit diesem indianischen Zauber können Sie sich über ein bestimmtes Problem Klarheit verschaffen.

Sie benötigen

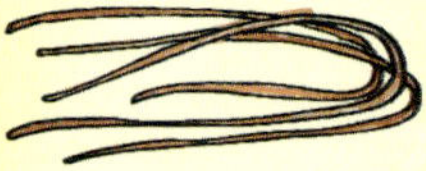

drei Weidenzweige

Tuch und Kordel aus Naturfaser

acht kleine Steine

zwei Salbeiblätter

Für die Indianer ist der Körper eine Erscheinungsform des Geistes. Um ein Problem zu lösen, müssen sich beide in Harmonie befinden. Den indianischen „Schwitzhütten" ähnliche Räumlichkeiten finden sich auch bei den frühen Kelten, in Russland, Japan und Skandinavien. Durch das Schwitzen werden Giftstoffe ausgeschieden und Körper und Geist finden ihre Balance wieder.

So geht es

Bauen Sie eine Miniatur-Schwitzhütte, etwa 25 Zentimeter hoch, indem Sie die Zweige entsprechend der Zeichnung biegen und sie mit Kordel fixieren. Drapieren Sie das Tuch darüber. Die Schwitzhütte ist Ihre Verbindung zur spirituellen Welt. Legen Sie sieben Steine und ein Salbeiblatt hinein und sprechen Sie:

„Mitakuye oyasin."
(Wir sind alle verwandt.)

Damit erkennen Sie an, Teil des Kreislaufs des Lebens zu sein. Nehmen Sie den verbliebenen Stein und das Salbeiblatt mit in eine Sauna. Halten Sie sie in der Hand, schließen Sie die Augen und denken Sie „mitakuye oyasin". Ihr Körper reinigt sich, der Geist wird klar. Legen Sie Stein und Blatt zu Hause zu den anderen – innerhalb von 24 Stunden werden Sie Ihr Problem lösen.

Karriereschub

Ein alljährliches englisches Ritual, das den Weg für eine erfolgreiche Karriere freimacht.

Sie benötigen

eine grüne Kerze

ein Stück grünes Papier

zwei Eicheln

eine Silbermünze

Eichenbäume sind überall in Europa weit verbreitet. Die Druiden legten in alten Zeiten Eichenhaine als Wächter an und Hochzeiten fanden unter einzeln stehenden Eichen statt, die auch Gebietsgrenzen markierten. Einige davon sind in England noch erhalten geblieben. Die kalifornischen Indianer wiederum verehrten die Eiche als ihren „Weltbaum". Die Eichel symbolisierte dabei das kosmische Ei, aus dem alles Leben kommt, und der Baum selbst die der Erdenmutter heilige kosmische Achse. Die Eichel steht für Erfolg und große Mühen, der Eichbaum für Beständigkeit, Entschlossenheit und Wahrheit. Beginnen Sie diesen Zauber an einem Donnerstag bei zunehmendem Mond.

So geht es

Zünden Sie an einem Donnerstagmorgen die grüne Kerze an. Schließen Sie die Augen und stellen Sie sich vor, wie ein Kokon aus Kerzenlicht Sie umschließt. Schreiben Sie Ihren Namen und alles, was Sie beruflich erreichen möchten, auf das Papier. Tragen Sie den ganzen Tag lang die Eicheln, die Münze und das Papier in einer Tasche nahe am Körper. Wenn Sie von der Arbeit zurückgekehrt sind, zünden Sie erneut die Kerze an und führen Eicheln und Münze ganz kurz durch die Flamme. Wickeln Sie sie dann in das Papier und vergraben Sie alles im Garten oder an Ihrem Lieblingsplatz in der Natur. Wiederholen Sie dieses Ritual jedes Jahr, um den anhaltenden Erfolg Ihrer Karriere zu sichern.

LIBERT

Afrikanische Magie

Da Afrika sehr groß ist, existieren dort viele verschiedene magische Vorstellungen. Die Vielfalt der Tierwelt führte jedoch dazu, dass der Glaube an Tiergottheiten und -geister weit verbreitet ist.

Maske der Dogon

Nord- und Westafrika

Noch vor weniger als 1000 Jahren war die Sahara ein fruchtbares Weideland. In der Sahara und im Sahel stellte man sich das Universum als „kosmischen Baum" vor. Die Menschen pflanzten symbolische Gewächse rund um Oasen, die die Ebenen des Universums repräsentierten: Kletterpflanzen für den Himmel, Granatapfelbäume für die Erde und Feigenbäume für die Unterwelt. Die Yoruba wiederum weissagten mithilfe von Palmfrüchten. Die Zeremonie, die stets von einem Mann durchgeführt wurde, nannte sich „Ifa-Orakel".

Ifa-Weissagungsstab

Auch Tänze und Masken spielten bei der afrikanischen Magie stets eine große Rolle: Sie erzählten die Geschichte der Menschheit und wurden zum Beispiel bei Beerdigungsritualen verwendet oder um böse Geister abzuschrecken. Von Austreibungsritualen in Togo waren mitunter ganze Dörfer betroffen. Alles Böse, das man fand, wurde in Blätter und Ranken verpackt und an Pfähle außerhalb der Siedlung gehängt. Am nächsten Morgen säuberten die Frauen die Feuerstelle, der Ruß wurde zu einem Berg gebracht und nach einer bestimmten Zeremonie verstreut.

Zentralafrika

Die äquatoriale Urwaldregion gilt als das wahre mystische Afrika. Dort findet man die meisten Geheimkulte, Zauberer, Heiler und Baumgeister. Die alte Geheimgesellschaft der Nsoro trug schwarze Masken mit hervorstehenden Augen, spezielle Insignien und spielte Musikinstrumente. Vom Häuptling der Teke glaubte man, dass er von einer heiligen Aura umgeben sei, die es ihm erlaubte, in die kommende Welt zu schauen. Seine geheimnisvolle Macht wurde durch die Bemalung seines Gesichts, durch seine Kleidung und den Besitz magischer Gegenstände demonstriert. So trug er eine Kette aus Leopardenzähnen, die ihm die Stärke des Tieres verleihen sollte, und um den Kopf eine Kette aus Kaurischnecken, die seine Verbindung mit der Geisterwelt repräsentierte.

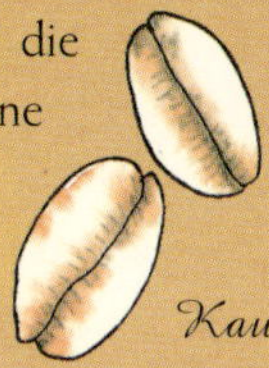

Kaurischnecken

Die Wahrsager der Komo trugen während ihrer nächtlichen Sitzungen ovale Masken und schmückten sich mit Federn, Gürteln aus Baumrinde, Elfenbeinschmuck und Glöckchen. Wie fast überall in Afrika trugen sie Amulette aus Nussschalen und Holz bei sich.

Südafrika

Wie in den anderen Teilen Afrikas dienten auch hier die meisten Rituale dem Wohl der Gemeinschaft und wurden gemeinsam vollzogen. Damit es regnete, töteten die Zulu einen „Himmelsvogel" und warfen ihn in einen Teich. Frauen gruben ihre Kinder bis zum Hals in die Erde ein und weinten mit kläglicher Stimme, auf dass der Himmel sich erweichen und es aus Mitleid regnen ließe. Als einen wichtigen Teil der Schöpfung betrachtete man die Große Schlange, da sie – mit dem Kopf im Himmel und dem Schwanz im Wasser der Erde – beide Welten verband. Dem Mythos der „kosmischen Schlange" begegnet man in ganz Afrika.

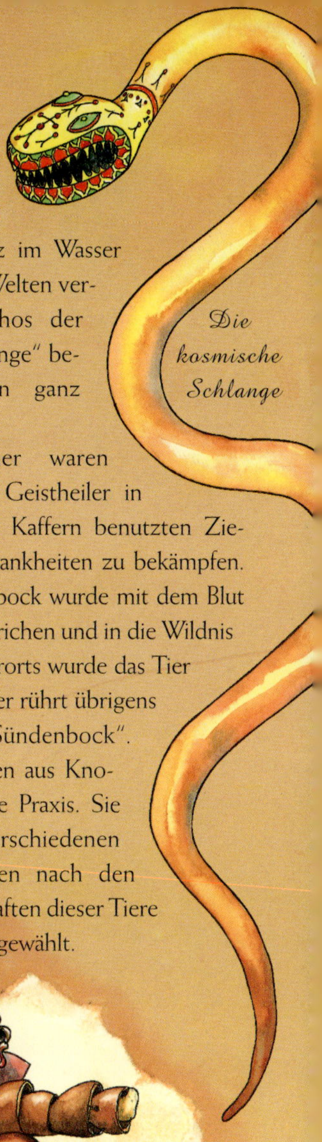

Die kosmische Schlange

Medizinmänner waren Ärzte und Geistheiler in einem. Die Kaffern benutzten Ziegen, um Krankheiten zu bekämpfen. Ein Ziegenbock wurde mit dem Blut eines Kranken bestrichen und in die Wildnis getrieben. Mancherorts wurde das Tier auch geopfert, daher rührt übrigens unser Begriff „Sündenbock". Auch das Weissagen aus Knochen ist eine uralte Praxis. Sie stammten von verschiedenen Tieren und wurden nach den Eigenschaften dieser Tiere ausgewählt.

Amulett aus Nussschalen

Das Kriegsbeil begraben

Eine indianische Zeremonie für erfolgreiche Zusammenkünfte und die Beendigung von Streitigkeiten.

Sie benötigen

ein Symbol Ihres Grolls, oder Papier und Stift

Salbeiblätter

zwei Federn

etwas Kordel

Falls Sie Probleme mit einem Arbeitskollegen haben, wird Ihnen dieses Ritual helfen. Es wird Ihren Geist von unnützem Groll befreien und Ihnen Ruhe schenken. Die Indianer saßen bei Versammlungen stets im Kreis, um zu demonstrieren, dass der Beitrag eines jeden Anwesendenden gleichen Wert besaß. Zu Beginn der Beratungen sprach man Gebete und rauchte gemeinsam die geheiligte Friedenspfeife. Ziel der Versammlung war nicht, jemandem eine Schuld zuzuweisen, sondern dem gesamten Stamm sein Gleichgewicht wiederzugeben: Niemand sollte einen anderen verurteilen, ohne „in seinen Mokassins gegangen" zu sein.

So geht es

Suchen Sie einen Gegenstand, der Ihren Ärger mit Ihrem Kollegen symbolisiert. Falls Sie nichts Passendes finden, beschreiben Sie die Streitpunkte auf dem Blatt Papier. Kurz bevor Sie zur Besprechung gehen, reinigen Sie Gesicht und Hände mit dem Salbei. Schließen Sie dabei die Augen, denken Sie an den Streit und befreien Sie sich von allen vorgefassten Standpunkten und Sorgen. Binden Sie das Symbol, eine Feder und die Salbeiblätter mit einem Stück Kordel zusammen und stimmen Sie sich positiv ein. Lassen Sie die Vergangenheit hinter sich, indem Sie nun das Bündel in der Erde vergraben. Nehmen Sie die andere Feder in der Tasche mit zur Besprechung. Berühren Sie sie, wann immer Sie während des Treffens Ihr Gleichgewicht wieder herstellen oder das Wort ergreifen müssen.

Segen der Arbeit

Ein keltischer Zauber, der Ihnen für das kommende Jahr Erfolg bei der Arbeit sichert.

Sie benötigen

einige Efeuranken

bunte Bänder

ein Symbol Ihrer Arbeit und eine symbolische Opfergabe

Milch und Honig

Dieser Zauber stammt aus Irland, wo er traditionell im Februar zu Imbolc, einem der acht keltischen Festtage, vollzogen wird. Als Symbol neuen Lebens verwandelt sich dabei Birgit, die Göttin der Schöpfungskraft, von einer verhutzelten Hexe in eine strahlende Frühlingsbraut. Früher wurde dieses Ritual mit der gesamten Familie am heimischen Herd durchgeführt, wobei Frauen und Kinder die Efeukränze banden und die Männer die Opfergaben darbrachten. Wenn Sie keinen Kamin haben, reicht auch ein kleiner Kreis aus roten Kerzen.

So geht es

Pflücken Sie das Efeu und binden Sie es wie auf dem Foto rechts kranzförmig zusammen. Legen Sie den Kranz in die Nähe eines Feuer- oder Kerzenscheins. Dekorieren Sie ihn liebevoll und sorgfältig mit Bändern in Ihren Lieblingsfarben. Stecken Sie das Symbol Ihrer Arbeit, zum Beispiel eine Visitenkarte, in die Mitte des Kranzes. Legen Sie dann die symbolische Opfergabe dazu, etwa eine Blume oder Münze. Lösen Sie einen Löffel Honig in warmer Milch auf, trinken Sie langsam davon und bitten Sie um Segen für das kommende Arbeitsjahr.

Apfel und Meer

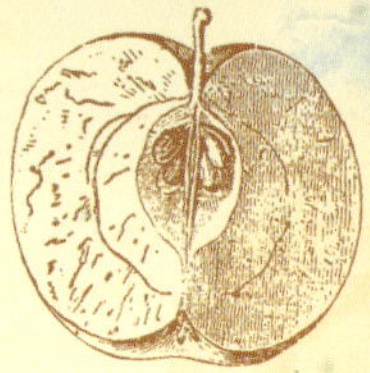

Dieser alte englische Zauber sorgt für das Gelingen einer geschäftlichen Unternehmung.

Sie benötigen

ein wenig Apfelholz

Meer- oder Salzwasser

In vielen Ländern sagt man den Apfelbäumen magische Kräfte nach. Die Artussage berichtet, dass im Tal der Äpfel die Wunden des Königs heilten. In Irland konnte man Apfelbäume nicht für Geld, sondern nur im Tausch gegen ein anderes lebendes Wesen erwerben: Sie galten als heilig und sollten nicht von Geld befleckt werden. Beginnen Sie diesen Zauber am Anfang Ihres Geschäftsvorhabens und setzen Sie ihn 28 Tage, also einen Mondzyklus lang, fort.

So geht es

Besorgen Sie sich einige Zweige von einem Apfelbaum. Bevor Sie sie abschneiden, berühren Sie den Baum und erbitten Sie seinen Segen. Lassen Sie das Apfelholz 28 Tage lang in Meer- oder Salzwasser einweichen, anschließend lassen Sie es trocknen und verbrennen Sie es dann in einem Feuer oder im Kamin. Alternativ legen Sie einige getrocknete Apfelscheiben um ein Öllämpchen aus und lassen Sie ätherische Öle verdampfen. Während das Holz brennt oder das Öl verdampft, sprechen Sie:

„Möge das Glück mir treu sein
und blühen wie ein Apfelzweig."

Nach und nach wird Ihre Unternehmung zu einem Erfolg werden. Auch wenn Sie nur Öl oder nur wenig Holz verwendet haben, beeinträchtigt dies nicht die Wirkung des Zaubers.

In diesem Kapitel finden Sie sieben Zauberrezepte, die die Fruchtbarkeit und die Harmonie in der Familie – gerade auch in schwierigen Zeiten – besonders fördern. Sie werden Ihrem Heim eine Aura verleihen, die alle Bereiche des Familienlebens positiv beeinflusst. Ein glückliches Zuhause, frei von negativen Stimmungen, ist eine Zuflucht für Körper und Geist. Selbst mit anstrengenden Verwandten und quengelnden Kindern werden Sie dank der Magie besser fertig.

Fruchtbarkeits-
ritus

Der Besen

Der Zauber
der Mistel

Seelenruhe

Haus-Segen

Haus des Lebens

Ebereschenzauber

Die lieben Verwandten

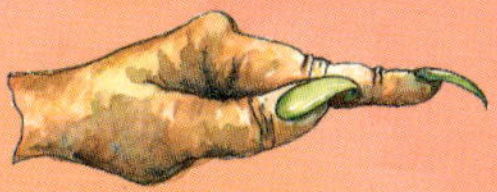

Fruchtbarkeitsritus

Eine keltische Weisheit, die die Empfängnis begünstigt.

Sie benötigen

Jogurt aus pasteurisierter Schafsmilch

gehackte Haselnüsse

Honig

Das keltische Wort „oimelc" – „die Milch des Mutterschafes" – bezeichnet den frühen Februar, also die Zeit, in der die Lämmer geboren werden. Dies war stets eine Zeit großer Freude, denn nach den Wintermonaten kündigte sich nun die Erneuerung des Lebens an. Die ersten grünen Blätter erschienen und es gab frische Milch zu trinken. Heutzutage ist die Biestmilch vom Schaf eher unbekannt, aber in früheren Zeiten war sie ein Hauptnahrungsmittel.

So geht es

Wenn Sie schwanger werden möchten, sollten Sie jeden Tag (Schafsmilch-)Jogurt mit Haselnüssen und Honig essen. Gewöhnen Sie sich zudem an, bei jedem Wetter mindestens zehn Minuten täglich im Freien zu verbringen – entweder allein oder mit Ihrem Partner. Es soll eine Zeit der Stille sein, in der Sie mit Ihrem Körper eins werden. Suchen Sie den Kontakt zu Mutter Natur, auch wenn Sie mitten in der Stadt leben. Spüren Sie den Regen auf Ihrer Haut und heißen Sie ihn willkommen. Beobachten Sie, wie die Lichter auf den Tropfen tanzen. Schließen Sie die Augen, lauschen Sie den Vogelstimmen und finden Sie heraus, wo sie herkommen. Nehmen Sie mit offenen Augen alles, was Sie umgibt, in Ihr Herz auf und bewahren Sie es dort gut. Sie werden dadurch eine große Zufriedenheit erlangen – und Ihr Wesen und die Wunder der Natur, die Sie umgeben, umfassend verstehen.

Der Besen

Ein englisches Ritual, mit dem Sie boshafte Geister aus Ihrem Haus vertreiben.

Sie benötigen

einen Reisigbesen

ein Räucherstäbchen

Eine ganze Reihe von Mythen und Ritualen rankt sich um den Besen, nicht zuletzt wegen seiner traditionellen Verbindung zur Hexerei. Im Mittelalter diente er in erster Linie den Frauen als Arbeitsgerät, und wenn eine Hausfrau Ihre Abwesenheit demonstrieren wollte, setzte sie einen Besen vor die Tür. Besen aus Birke, Heidekraut oder Reisig spielten bei Zigeunerhochzeiten eine Rolle. Bei so genannten „Besenhochzeiten" musste das Paar sich an den Händen halten und über den Besen springen. Anschließend erhielt die Braut einen Ring aus Binsen. Echte Reisigbesen sind für diesen Zauber am besten geeignet.

So geht es

Vollziehen Sie diesen Zauber bei abnehmendem Mond. Die symbolische Austreibung aller negativen Gefühle beginnt im obersten Zimmer des Hauses: Kehren Sie rückwärts durch jede Tür, am Ende besonders intensiv durch die Haustür nach außen. Heben Sie dann den Besen hoch, schütteln Sie ihn dreimal aus und sprechen Sie:

„Böse Geister, fliegt mit dem Wind;
seid verbannt von meiner Schwelle."

Beenden Sie das Ritual, indem Sie in der Mitte Ihres Hauses das Räucherstäbchen abbrennen.

Der Zauber der Mistel

Ein druidisches Ritual,
das die Fruchtbarkeit fördert.

Sie benötigen

eine grüne Decke; einen kleinen Tisch

einige Mistelzweige

drei grüne Kerzen

einen Mondstein

Dieses symbolische Ritual macht Sie mit den Kräften der Natur vertraut und erleichtert so die Empfängnis. Die Mistel war die heilige Pflanze der Druiden. Als Symbol für Unsterblichkeit und Fruchtbarkeit fand sie in der Zauberkunst ebenso Verwendung wie in der Heilkunde. Mistel bedeutet in der Blumensprache „Ich überwinde alle Schwierigkeiten". Misteln wachsen hoch oben in Baumkronen, zwischen Himmel und Erde, und sind noch golden und grün, wenn der Baum bereits entlaubt ist.

So geht es

Breiten Sie bei Neumond die grüne Decke über den kleinen Tisch und schmücken Sie ihn mit Misteln und den grünen Kerzen. Sie können auch noch andere Grünpflanzen, Blüten oder Dinge aus der Natur, die für Sie etwas Besonderes sind, dazulegen. Auch ihr persönlicher Talisman sollte seinen Platz auf dem Altar finden, denn er verstärkt die Wirkung dieses Zaubers. Bitten Sie jeden Tag vor diesem Altar die Mondgöttin, Sie mit der Kraft der Schöpfung zu segnen. Massieren Sie dabei Ihren Bauch sanft mit dem Mondstein und tragen Sie ihn immer und überall bei sich. Mondsteine existieren in verschiedenen Farbtönen – in Verbindung mit dem Vollmond sind weiße oder gelbe Steine am besten geeignet. Nehmen Sie am ersten Vollmondtag nach Beginn des Rituals eine einzelne Mistelbeere vom Altar und legen Sie sie in die Astgabelung eines Baumes. Wiederholen Sie dies an jedem folgenden Vollmondtag.

Seelenruhe

Ein angelsächsischer Zauber, der streitsüchtige Kinder beruhigt.

Sie benötigen

Kamillentee

eine Schüssel

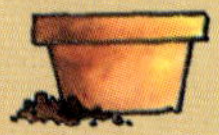

einen großen Blumentopf und etwas Erde

Kamillepflanzen oder -saat

Im Europa des Mittelalters hängte man über Kinderbetten Kamille, die die Kinder beschützen sollte. Die Kamille zählte zu den neun heiligen Kräutern der Angelsachsen und wird auch heute noch als Beruhigungsmittel angewandt. In der Blumensprache ist sie die „Blume des Gleichgewichts". Vollziehen Sie diesen Zauber mit Ihren Kindern, wenn Sie alle ein wenig Ruhe und Frieden finden möchten.

So geht es

Übergießen Sie mithilfe Ihrer Kinder in einer Teekanne 30 Gramm getrocknete Kamillenblüten mit kochendem Wasser und lassen Sie den Aufguss zehn Minuten lang ziehen. Gießen Sie den Tee durch ein Sieb – in eine Tasse, die Sie gleich trinken, und den Rest in eine Schüssel. Während der Tee abkühlt, lassen Sie die Kinder gemeinsam den Blumentopf mit Erde füllen und jedes eine Kamillepflanze setzen oder ein Samenkorn in die Erde bringen. Dabei sollen sie die folgenden Worte wiederholen:

„Zeig uns den Zauber der Blumen,
sing uns das Lied des Friedens."

Danach waschen sich die Kinder gemeinsam die Hände in dem mittlerweile lauwarmen Kamillentee und gießen damit anschließend die Pflanzen. Dabei dürfen sie sich etwas wünschen.

Magie im alten Europa

Fast überall in Europa waren die so genannten Hexereien ein Überbleibsel heidnischer Religionen. Diese waren noch über 1000 Jahre nach dem Beginn des Christentums lebendig.

Die Kunst der Weisen

Auch heute noch werden vielerorts in Europa magische Riten vollzogen. Die in die Geheimnisse der Magie Eingeweihten beschäftigen sich – das englische Wort „witchcraft" drückt es am besten aus – mit der „Kunst der Weisen". In Frankreich werden zum Beispiel so genannte „esbats", wöchentliche Treffen von Hexenzirkeln durchgeführt, und auch in Italien hat „la vecchia religione" (die alte Religion) viele Anhänger. Die hohe Zahl der im 16. und 17. Jahrhundert zu Folter und Tod verurteilten Menschen zeigt, wie weit verbreitet der Glaube an Hexerei damals war. Aufgrund der Aussage eines einzigen Mannes, des „Hexenjägers" Matthew Hopkins, wurden allein in England 200 „Hexen" exekutiert.

„Hexenjäger" Matthew Hopkins

Viele der Opfer hatten lediglich heidnische Festtage oder Jahreszeitenfeste gefeiert. Zwar gab es dieselben Feiertage auch innerhalb der Amtskirche, doch diese hatte sie bestimmten Heiligen geweiht, um die Rituale von ihren heidnischen Ursprüngen zu lösen. Besonders Fruchtbarkeitsriten zogen die Aufmerksamkeit der christlichen Hexenjäger an, was dazu führte, dass die Armen, die mit der Natur im Einklang lebten und Krankheiten mit Kräutern und Sprüchen heilten, am meisten leiden mussten. Dass sie „Hexen" sein sollten, war ihnen zumeist gar nicht bewusst. Ironischerweise ist selbst das christlichste aller Symbole, das Kreuz, heidnischen Ursprungs und viele tausend Jahre älter als das Christentum. Es ist ein kosmisches Symbol und stellt den Baum des Lebens dar, der Himmel und Erde verbindet.

Folterinstrumente

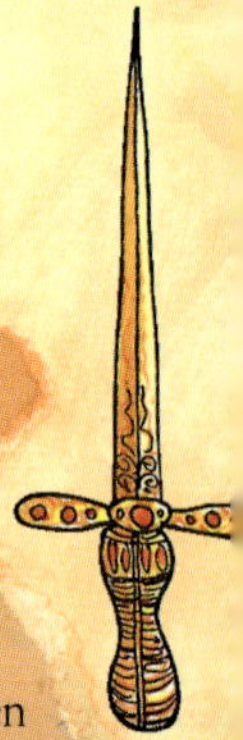

Keltisches Kreuz

Oft stand das Kreuz in einem Kreis, der Sonne und Ewigkeit repräsentierte. Kreis und Kreuz zusammen symbolisierten die Erde im Wechsel der Jahreszeiten. In der Naturmagie steht dieses Symbol vielfach für Glück und Schutz.

Tiere und Weissagung

Der Gott des Hexenkults wurde stets „Teufel" genannt, eine Bezeichnung, die von dem kirchenlateinischen Wort „diabulus" – Verleumder – herzuführen ist. Man glaubte, dass der Teufel die Gestalt von Mensch und Tier annehmen konnte. Der älteste Beweis für diese Vorstellung sind Höhlenmalereien in Ariège in Südfrankreich, die einen Mann darstellen, der Fell und Geweih eines Hirsches trägt. In Deutschland und Frankreich existierte der Brauch, sich als Ziege zu verkleiden, was vermutlich auf den Kult des Gottes Cernunnos zurückgeht.

Das Weissagen mithilfe von „Vertrauten" war in Europa weit verbreitet. Die Leiter von Hexenzirkeln schrieben ihren Mitgliedern vor, welches Tier sie als Vertraute zu wählen hatten. In Frankreich war es stets eine Kröte, die vor jeder Unternehmung befragt wurde. Bis heute gehört es in vielen Teilen Europas zum Fest der Sommersonnenwende, dass das Vieh durch das Feuer getrieben wird. Auch Paare springen über die Flammen und werfen Beifuß und Eisenkraut ins Feuer, während sie sagen: „Möge all mein Pech mit euch verbrennen." Mit einem Scheit dieses Feuers wird dann zu Hause der Kamin angezündet.

Vertraute einer Hexe

Die so genannte „Übertragungsmagie" basierte auf dem Glauben, dass ein Leiden von einem Menschen auf Tiere oder sogar auf Objekte übertragen werden kann. So übertrug man in Wales Krankheiten auf die Hühner, und in Italien heilte man Fieber, indem man es an einen Baum band.

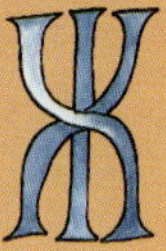

Reichtum

Fruchtbarkeit

Liebe

Die Tradition der Runen

Im nordischen Kulturkreis wurden und werden Runen zur Weissagung benutzt. Die heute verwendete Runenschrift stammt wohl aus dem 3. Jahrhundert vor Christus. Jedes Symbol entspricht einem Buchstaben, hat aber auch eine magische Bedeutung. Zur Weissagung wirft man Runensteine aus und deutet sie.

Treue

Glück

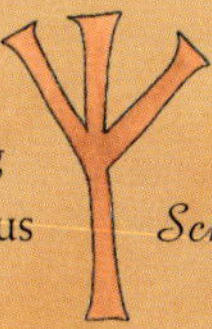

Schutz

Haus des Lebens

Ein ägyptischer Zauber, der böse Geister vertreibt.

Sie benötigen

ätherisches Öl
und Salz

Rosmarin, Sal-
bei und Oliven

eine Schüssel
mit Quellwasser

ein langes
weißes Band

Die Ägypter vertrauten voll und ganz der Macht magischer Sprüche. Ihre Hieroglyphen sagen uns: „Das Wort erschafft alle Dinge: alles, was wir lieben und hassen, die ganze Welt. Nichts IST, bevor es nicht mit klarer Stimme ausgesprochen wurde." Diesen Zauber können Sie gemeinsam mit Familienmitgliedern vollziehen.

So geht es

Jeder Teilnehmer sollte sich zunächst in einem Bad reinigen, dem sieben Tropfen seines Lieblingsöls und ein Teelöffel Salz, dem Symbol von Ewigkeit und Unsterblichkeit, beigefügt wurden. Teilen Sie Rosmarin, Salbei und Oliven in vier gleiche Teile und platzieren Sie je einen Teil in den vier Ecken Ihres Heims. Füllen Sie die Schüssel behutsam mit Quellwasser und benetzen Sie jedes Zimmer mit einigen Tropfen. Alle, die an diesem Zauber teilnehmen, stellen sich im Kreis um die Schüssel und ergreifen das weiße Band mit beiden Händen. Drehen Sie sich im Uhrzeigersinn und sprechen Sie:

„Wer immer hier eintritt, trete ein im Guten.
Ich habe diese Worte über den heiligen Kräutern
in allen Ecken gesprochen, und ich habe jeden
Raum mit dem heiligen Wasser besprengt. Kein
böser Geist soll je dies Haus heimsuchen."

Ebereschenzauber

Ein Druidenzauber, der das Haus segnet und schützt.

Sie benötigen

Ebereschen-zweige

eine Flasche Starkbier

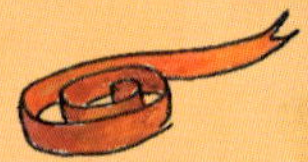

ein kurzes rotes Band

Insbesondere in Nordeuropa hatte die Eberesche schon immer eine enge Verbindung zur Magie. Ihrem Holz werden schützende Eigenschaften nachgesagt und man benutzt es seit hunderten von Jahren zur Herstellung von Amuletten. Ebereschen stehen oft in der Nähe antiker Steinkreise, und die Druiden benötigten sowohl das Holz als auch die Vogelbeeren für ihre magischen Riten. In der Walpurgisnacht befestigte man Vogelbeeren an den Schwänzen der Kühe, um sie vor Plagegeistern zu schützen.

So geht es

Bringen Sie am Fuß einer Eberesche ein Opfer dar, indem Sie das Starkbier ausgießen. Brechen Sie einige kurze Zweige ab – aber Achtung, sie dürfen nicht mit einem Messer abgeschnitten werden! Binden Sie die Zweige mithilfe des Bandes zu einem Kreuz zusammen. Berühren Sie mit diesem Talisman Ihre Stirn und Ihre Herzregion und küssen Sie ihn dann. Tragen Sie ihn durch alle Räume Ihres Hauses und führen Sie überall mit ausgestreckter Hand kreisende Bewegungen aus. Gehen Sie schließlich rückwärts durch die Haustür hinaus und befestigen Sie den Talisman über der Tür. Damit der Schutz dauerhaft erhalten bleibt, sollte dieses Ritual unbedingt viermal im Jahr, und zwar am 25. März, am 24. Juni, am 29. September und am 25. Dezember, wiederholt werden.

Die lieben Verwandten

Ein Mondzauber aus dem Orient, der Familienprobleme löst.

Sie benötigen

einige Blüten

ein Räucherstäbchen

eine goldfarbene Kerze

eine Schüssel mit Rosenwasser

Wenn das Verhältnis zu Ihren Verwandten ohne eindeutig erkennbaren Grund angespannt ist, kann Ihnen vielleicht die Magie helfen. Analysieren Sie zuvor die möglichen Gründe der Spannung. Es ist wichtig, dass Sie so positiv wie möglich auftreten und Konfliktthemen vermeiden. Mit diesem Zauber vertreiben Sie alle negativen Gefühle.

So geht es

Laden Sie die betreffenden Verwandten in der Zeit des abnehmenden Mondes abends zu sich ein. Bevor sie eintreffen, platzieren Sie die Zutaten, die für die vier Elemente stehen, im Norden, Süden, Osten und Westen des Raums, in dem Sie sich aufhalten werden, und zwar wie folgt:

Die Blüten, die die Erde repräsentieren, im Norden;
das Räucherstäbchen, das die Luft repräsentiert, im Osten;
die goldene Kerze, die das Feuer repräsentiert, im Süden;
das Rosenwasser, das das Wasser repräsentiert, im Westen.

Dadurch wird ein magisches Gleichgewicht hergestellt, in dem der Abend harmonisch verlaufen kann. Bewirten Sie Ihre Gäste großzügig, um Ihre positive Einstellung zu demonstrieren. Zünden Sie die Kerze und das Räucherstäbchen erst kurz vor der Ankunft der Gäste an.

Es folgen sieben Zauberrezepte, die Ihnen im Urlaub, an Festtagen sowie auf Reisen gutes Gelingen sichern. Die Traditionen vieler uralten Feste sind lebendig. Die Kalender mögen sie heute anders benennen, etwa Weihnachten oder Ostern, aber viele einschlägige Bräuche und Rituale stammen aus vorchristlicher Zeit und bergen einiges an Magie in sich.

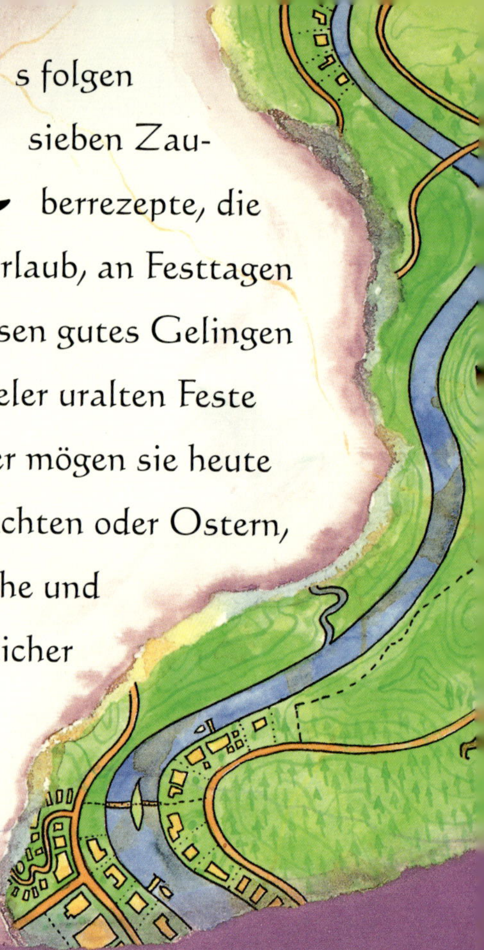

Ingwerritus

Eins sein mit dem Ganzen

Ein Amulett für Reisende

Frühlingszauber

Festtage & Urlaub

Samhain

Wellenreiter

Ein Weihnachts-
zauber

Ingwerritus

Mit diesem Zauber verlaufen Ihre Reisen reibungslos und ohne Zwischenfälle.

Sie benötigen

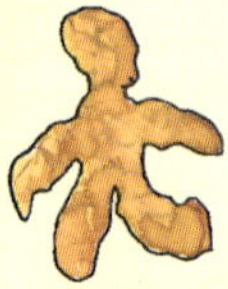

eine Ingwerwurzel

drei gelbe Bändchen

eine kleine Holzschachtel

Ingwer stand schon in alten Zeiten hoch im Kurs: Er wurde von Konfuzius gepriesen und vom Koran als Nahrung des Paradieses bezeichnet. Er hilft gegen Übelkeit während der Schwangerschaft und kann der Reisekrankheit vorbeugen, wenn man ihn – roh oder kandiert – kaut. Der Donnerstag ist für dieses Ritual besonders geeignet, da er nach dem Schutz- und Donnergott Donar (in Nordeuropa: Thor) benannt ist.

So geht es

Versuchen Sie eine Ingwerwurzel zu finden, die der Gestalt eines Menschen ähnelt. Dies ist nicht so schwierig, wie es sich anhört, denn Ingwer nimmt die seltsamsten Formen an. Schmücken Sie die Figur an drei verschiedenen Stellen mit gelben Bändern, etwa an den Handgelenken und der Hüfte, umwickeln Sie jedoch nicht den Hals. Bitten Sie um Glück bei zukünftigen Reisen, indem Sie sprechen:

„Beschütze mich auf allen Reisen,
lass mir das Glück die Wege weisen."

Legen Sie die Figur in die Schachtel, versiegeln Sie die Öffnung und bewahren Sie sie an einem sicheren, trockenen Ort auf. Nehmen Sie die Figur vor jeder größeren Reise heraus.

Eins sein mit dem Ganzen

Ein indianisches Ritual, das Sie in Harmonie mit der fremden Umgebung versetzt.

Sie benötigen

eine gelbe Kerze

eine Blume

eine Schüssel mit Quellwasser

ein Räucherstäbchen

Wenn Indianer auf Reisen gingen, vollzogen sie diesen Zauber an einem Ort, an dem die vier Elemente – Erde, Luft, Feuer und Wasser – zusammenkamen. So konnten sie ein Teil des spirituellen Ganzen werden. Um in einen harmonischen Zustand zu gelangen, muss man die ungeschriebene Weisheit der Welt in sich aufnehmen.

So geht es

Wenn Sie das Ziel einer Reise erreicht haben, suchen Sie einen ungestörten Raum auf. Platzieren Sie die Gegenstände wie folgt: die brennende Kerze (Feuer) im nach Süden zeigenden Teil des Zimmers, die Blume (Erde) im Norden, das Quellwasser (Wasser) im Westen, das brennende Räucherstäbchen (Luft) im Osten. Legen Sie sich in die Mitte der Symbole, schließen Sie die Augen und lassen Sie vor Ihrem geistigen Auge eine Tür entstehen. Treten Sie durch die Tür in ein üppig grünes Paradies, in dem Leitern aus Sonnenlicht nach oben führen, und erschaffen Sie in Ihrer Vorstellung einen Bildteppich aus Farben, während eine leichte Brise durch die Blätter weht. Ihre Augenlider werden schwer wie Samt und ein Pfad eröffnet sich Ihnen. Sie folgen ihm und gelangen zu einer Lichtung. Setzen Sie sich dort nieder und danken Sie Mutter Erde für ihre Schönheit, während die Sonne Sie mit Liebe und Frieden umhüllt. Wenn das Licht nachlässt, beginnen Sie Ihre Rückreise. Öffnen Sie die Augen, strecken Sie sich und schreiben Sie dann Ihr Erlebnis nieder.

Ein Amulett für Reisende

Dieses ägyptische Amulett schützt Sie vor Gefahren und bösen Geistern.

Sie benötigen

zwei oder drei biegsame Haselnusszweige

einen Streifen farbige Seide

Es ist ein uralter Brauch, auf Reisen zum Schutz ein Amulett zu tragen. Geformte und geweihte Metalle sind dafür besonders begehrt. Monatssteine und Edelsteine haben bestimmte Bedeutungen und werden nach ihren Eigenschaften ausgesucht. Eines der ältesten Amulette ist das ägyptische Anch-Zeichen. Man verbindet mit ihm Unsterblichkeit und die Macht, ungestört zu reisen. Es vereint das männliche und das weibliche Prinzip und wird auch als „der Schlüssel des Lebens" bezeichnet.

So geht es

Die Haselnusszweige müssen voller Saft sein, sodass sie sich biegen lassen, ohne zu brechen. Formen Sie sie wie ein Anch-Zeichen. Binden Sie die Zweige mit einem Streifen Seide in Ihrer Lieblingsfarbe (oder der Ihrem Sternzeichen entsprechenden Farbe) zusammen. Machen Sie das Anch nicht zu groß, da Sie es ständig bei sich tragen müssen. Als Alternative können Sie sich auch von einem Goldschmied ein Amulett fertigen lassen. Wofür Sie sich auch entscheiden: Bevor Sie das Amulett tragen, müssen Sie es stets bei Vollmond an Ihre Stirn halten, damit es den zusätzlichen Schutz der Mondstrahlen in sich lädt.

Frühlingszauber

Dieser Zauber für den Maifeiertag bringt den Segen der Götter für Liebe und Wohlgefühl.

Sie benötigen

einige Weißdorn-zweige

etwas Milch

eine weiße Kerze

Wacholder- und Weihrauchöl sowie ein Öl-lämpchen

Der Brauch, den Beginn des Wonnemonats Mai zu feiern, ist in Europa weit verbreitet. Der Mai, der den Frühling in seiner ganzen Pracht zeigt, ist nach Maia Majestas, der Frühlingsgöttin, benannt. Die Errichtung eines Maibaums erinnert an die Verehrung der Bäume in früheren Zeiten. In Skandinavien wurde meist eine Birke genommen. Zu Ehren von Yggdrasil, dem „Weltenbaum", von dem nach dem Mythos alles Leben stammt, wurde sie entrindet und mit Bändern und Papierblumen geschmückt. Die Weißdornblüte markierte den Übergang vom Winter zum Sommer. Nur am ersten Mai durfte Weißdorn zu Ehren der Frühlingsgöttin ins Haus gebracht werden, denn nur dieser wichtige Anlass rechtfertigte die Verletzung des heiligen Baums.

So geht es

Gehen Sie am ersten Mai zu einem Weißdornbaum und brechen Sie einige Zweige ab. Gießen Sie am Fuß des Baumes etwas Milch aus, um den Geistern zu danken. Bleiben Sie so lange wie möglich mit den Zweigen dort sitzen und werden Sie eins mit dem Sie umgebenden Leben. Entzünden Sie daheim die Kerze und lassen Sie die Öle mit ein paar Weißdornblättern verdampfen. Tragen Sie das Öllämpchen durch das Haus oder um es herum. Konzentrieren Sie sich darauf, die Energie der Sonne aufzunehmen und sie dem unendlichen Kreislauf des Lebens zurückzugeben. Hängen Sie einen Weißdornzweig über Ihre Tür, um Liebe und Wohlgefühl zum Verweilen einzuladen.

Die Magie des Fernen Ostens

Im Fernen Osten werden seit Urzeiten verschiedene Formen der Magie praktiziert. Die Verwendung von Ölen, Kräutern, Gewürzen und Symbolen ist bei der Verehrung der unzähligen Götter weit verbreitet. Die Magie diente in erster Linie dazu, ihre Anhänger in einen höheren geistigen Daseinszustand zu versetzen.

Indien

Mythos, Magie und Religion Indiens haben sich in den vergangenen 3500 Jahren dadurch entwickelt, dass neue Glaubenssysteme in die bestehenden einbezogen wurden. So ist die Welt des Glaubens in Indien komplexer und vielfältiger als überall sonst. Man sagt sogar, es gäbe dort „mehr Götter als Menschen".

Brahma

Eine umfangreiche Sammlung indischer Mythen enthält das „Rigveda", ein Buch mit uralten Gesängen. In den vedischen Gesängen ist Indra König der Hindugötter. Er herrscht über den Himmel und hält in der rechten Hand Blitz und Donner. Damit bekämpft er die Dämonen der Dürre, um dem Land jedes Jahr Regen zu bringen. Vor der alljährlichen Schlacht trinkt er einen Zaubertrank namens „soma", der ihm Unsterblichkeit verleiht. Seinen ersten großen Sieg errang er gegen Vintra, die Schlange, die sich um den Weltberg gewickelt hatte.

In den Gesängen tritt außerdem Agni auf, der Gott des Feuers, der den Lebensfunken in allen Wesen symbolisiert. Er handelt als Vermittler zwischen Göttern und Menschen und wird bis heute mit häuslichen und rituellen Feuerfesten verehrt. Brahma ist der Schöpfergott und bildet mit Wischnu, dem Beschützer der Welt, und Schiwa, dem Zerstörer, die Triade der Hindugottheiten. Das Ziel indischer Mystiker ist es, dem Zyklus aus Geburt, Tod und Wieder-

Wischnu

Die fünf chinesischen Elemente

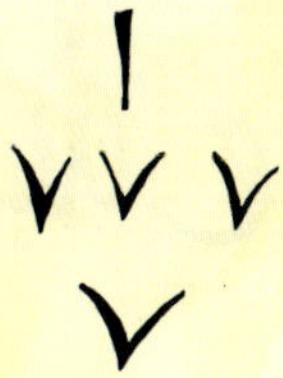

Chinesische Symbole für die fünf Elemente

Yin und Yang

geburt zu entfliehen und in ein höheres Bewusstseinsstadium einzutreten.

China und Japan

Die chinesische Mystik kennt fünf Elemente. Diese Elemente – Holz, Feuer, Erde, Metall und Wasser – entsprechen fünf Jahreszeiten, die sich um ein mystisches „Zentrum" gruppieren, dann fünf Himmelsrichtungen, die ebenfalls ein „Zentrum" besitzen, und fünf Planeten. Das chinesische Neujahr und andere Feste orientieren sich am Mondkalender. Zum Jahreswechsel vertreibt man mit Feuerwerk und lautem Trommelklang die bösen Geister. Die chinesische Weissagung basiert auf „Yin" und „Yang". Yang ist das männliche Prinzip und steht für Sonne und Licht, Yin als das weibliche Prinzip steht für Schatten oder Dunkelheit. Yin und Yang sind voneinander abhängig und repräsentieren die Naturgesetze des Universums.

Das älteste Glaubenssystem Japans ist der Shintoismus. Es basiert auf der Verehrung von „kami"-Göttern, die in der Natur und den Menschen wohnen. Bei Prozessionen tragen junge Männer und Frauen das Abbild des örtlichen „kami" umher, dadurch werden Ort und Träger rituell gereinigt. Die Sonnengöttin Amaterasu ist eine der Hauptgottheiten Japans.

Südostasien

Die kulturellen Traditionen in Südostasien sind vielfach von China oder Indien beeinflusst, doch einige Völker entwickelten eigene Rituale. Auf Bali vollzog man an Wegkreuzungen Exorzismen. Mit Hörnerklang wurden die Teufel angelockt, um dann von Männern mit Fackeln und Schrecken erregenden Masken ausgetrieben zu werden.

Auf der Insel Borneo pflanzte man für jedes Neugeborene einen Obstbaum in dem Glauben, dass das Schicksal des Kindes mit dem Wuchs des Baumes verknüpft war. Auf den Philippinen glaubte man, dass die Seelen der Ahnen in den Bäumen lebten, und man verbeugte sich im Vorübergehen vor ihnen. Auf Java erwartete man während der Regenzeit vom Medizinmann, dass er „die Wolken festhalten" würde.

Balinesische Eberkopfmaske

Samhain

Ein keltisches Ritual, mit dem man alles Negative des vergangenen Jahres abschüttelt.

Sie benötigen

?

einen persönlichen Gegenstand

eine lilafarbene Kerze

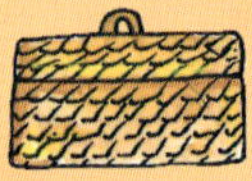

einen kleinen Weidenkorb mit Deckel

eine Glocke

Dieser Zauber sollte am ersten November vollzogen werden. Mit dem Feuerfest Samhain feierten die Kelten in diesem Monat den Beginn des neuen Jahres. Der November ist die „Zwischenzeit", in der Vergangenheit und Gegenwart, Lebende und Tote nur durch einen dünnen Schleier getrennt sind. Er ist der Monat des Endes und Neubeginns, in dem die Mutterpflanzen ihre Samen abwerfen – eine Gelegenheit, in die Zukunft zu schauen.

So geht es

Der persönliche Gegenstand sollte all das verkörpern, was Sie ablegen wollen, um neu anfangen zu können. Entzünden Sie die Kerze in der ersten Stunde des ersten Novembers und legen Sie den unerwünschten Gegenstand in den Korb. Halten Sie dann den Korb fest, konzentrieren Sie sich auf den Kerzenschein, läuten Sie dreimal die Glocke und sprechen Sie:

„Geister dieser Zaubernacht,
steht mir heut' bei mit aller Macht;
Vergang'nes soll vergessen sein,
die Zukunft werde hell und rein."

Wiederholen Sie dies dreimal und läuten Sie zwischendurch die Glocke. Am nächsten Morgen vergraben Sie den Korb.

Wellenreiter

Dieser nordische Meerzauber heilt alte Wunden und ermöglicht einen Neuanfang.

Sie benötigen

eine Silbermünze

zwei Muscheln

frische oder getrocknete Eisenkrautblätter

eine Thermosflasche mit Wein

Die Ursprünge dieses Zaubers liegen im nordischen Kulturkreis, in dem sich viele Traditionen mit dem Ozean befassen. Nutzen Sie ihn, um einen Neubeginn in der Liebe oder bei der Arbeit zu begünstigen. Meerwasser ist das mächtigste Element in der gesamten Magie des Wassers. Die Gezeiten werden vom Mond beeinflusst und bergen besonders bei Neu- oder Vollmond große magische Kräfte. Reisen Sie am Tag des neuen Mondes an einen ruhigen Meeresstrand und vollziehen Sie diesen Zauber bei Flut.

So geht es

Halten Sie die Silbermünze, die Muscheln und die Eisenkrautblätter in Ihrer ausgestreckten Hand und erbitten Sie den Segen des Mondes. Trinken Sie ein Glas Wein zu Ehren des Meeres und des Mondes. Werfen Sie dann eine Muschel so weit Sie können in die Wellen und rufen Sie dabei, was Sie sich wünschen. Mit der anderen Muschel schreiben Sie den Wunsch in den festen Sand. Wickeln Sie die Muschel und die Silbermünze in die Eisenkrautblätter und vergraben Sie das Bündel dann im Zentrum Ihrer Botschaft. Warten Sie ab, bis die Flut die Stelle erreicht. Sprechen Sie dabei:

„Gezeiten, empfangt meinen Wunsch;
Zeit, gewähr mir Erfüllung."

Ein Weihnachtszauber

Ein russischer Zauber, der Ihnen in der dunkelsten Zeit des Jahres den Weg weist.

Sie benötigen

drei weiße Kerzen

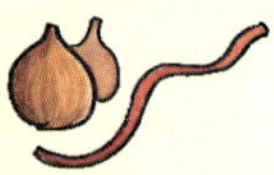

zwei kleine Zwiebeln und rote Kordel

etwas Salz

zwei Zweige der Silberbirke

Mit dem Julfest feiert man seit vorchristlicher Zeit die Wintersonnenwende. „Jul" bedeutet „Rad" – das Sonnenrad dreht sich zurück und die Tage werden wieder länger. Zwiebeln und Salz dienen der Reinigung und werden Ihnen ebenfalls dabei helfen, einen Neubeginn zu starten. Die Birke war in Russland ein Symbol der Wiedergeburt.

So geht es

Am 21. Dezember, dem Vorabend der Wintersonnenwende, zünden Sie die Kerzen an. Während Sie in ihr Licht schauen, schälen Sie die Zwiebeln und befestigen je eine an einem Stück roter Kordel. Sprechen Sie dabei:

„Geister, die waren und Geister, die sind,
lasst Böses nicht herein;
Eintracht und Freude sollen hier sein,
wenn der neue Tag beginnt."

Hängen Sie die Zwiebeln über Tür oder Fenster. An Heiligabend nehmen Sie sie wieder ab und bestreuen sie mit Salz. Entfernen Sie die Kordel und verbrennen oder begraben Sie die Zwiebeln. Berühren Sie mit den Birkenzweigen Ihre Stirn und hängen Sie die Zweige anschließend mit der roten Kordel über den Türen auf, dort, wo vorher die Zwiebeln hingen.

Wie Sie das Glück in Ihr Leben holen können, verraten Ihnen die folgenden sieben Zauberrezepte. Vier davon verhelfen Ihnen zu einer positiven Einstellung, die das Glück magisch anzieht. Die drei Übrigen sind versiegelt. Sie enthalten machtvolle Austreibungsrituale, die negative Einflüsse durch Glück und Harmonie ersetzen. Überlegen Sie gut, bevor Sie diese Seiten öffnen: Vielleicht sind Sie sich über Ihre Motive nicht im Klaren. Wenn Sie jemandem Schaden zufügen wollen, wird er sich letztlich gegen Sie selbst wenden.

Das Glück einfangen

Versiegelter Zauber

Nur öffnen, wenn der oder die Falsche sich in Sie verliebt hat

Liebesabwehr

Zauber der Winde

Versiegelter Zauber

Nur öffnen, wenn eine Rivalin oder ein Rivale Ihre Liebe bedroht

Rivalen ausstechen

Glücksbringer & Lebensretter

Versiegelter Zauber

Nur öffnen, wenn Ihnen ein Arbeitskollege Probleme bereitet

Schattenboxen

Planeten und Pflanzen

Das Auge des Tages

Das Glück einfangen

Ein Zauber, der Ihnen Glück und die Erfüllung Ihrer Wünsche bringt.

Sie benötigen

vier rote und vier grüne Kerzen

ein Glas Wein

einige Nüsse

einen runden Kieselstein

Die Nahrung spielte in der Magie schon immer eine wichtige Rolle. Bereits im antiken Griechenland wurde zum Beispiel Gebäck beschriftet, womit die Göttinnen geehrt werden sollten. Den folgenden Zauber können Sie das ganze Jahr über bei zunehmendem Mond wirken. Die roten Kerzen stehen dabei für Glück, die grünen für Wohlstand. Sie können aber auch andere Farben wählen, die Ihrem persönlichen Wunsch entsprechen. Die Nüsse symbolisieren Wachstum und Erneuerung.

So geht es

Stellen Sie die Kerzen in einem großen Kreis auf, und zwar immer abwechselnd eine rote und eine grüne und in jede der acht auf einem Kompass verzeichneten Himmelsrichtungen eine: Norden, Nordosten, Osten, Südosten, Süden, Südwesten, Westen, Nordwesten. Stellen Sie ein Glas Wein und eine Schale mit Nüssen in die Mitte. Halten Sie den Kiesel während des gesamten Rituals in Ihrer linken Hand. Er repräsentiert den ewigen Kreislauf des Lebens und das Universum. Zünden Sie zunächst die nördliche Kerze an und wenden Sie sich der Mitte des Kreises zu. Tauchen Sie eine Nuss in den Wein, essen Sie sie und äußern Sie einen Wunsch. Wiederholen Sie dies mit den folgenden Kerzen im Uhrzeigersinn, bis alle brennen. Wenn Sie fertig sind, setzen Sie sich in die Mitte des Kerzenkreises und trinken Sie den restlichen Wein auf das Wohl der Welt. Heben Sie den Kiesel als Glücksbringer auf.

Versiegelter Zauber

Liebesabwehr

Ein französischer Zauber, mit dem man unerwünschten Aufmerksamkeiten entgeht.

Sie benötigen

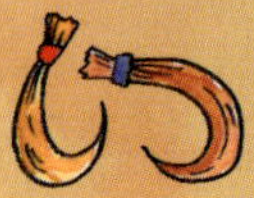

eine Haarlocke von beiden Beteiligten

einen Stab aus Weidenholz

eine lilafarbene Kerze

eine Ranke des Pfennigkrauts

Eine Samstagnacht bei abnehmendem Mond ist ideal für diesen Zauber. Das Pfennigkraut oder Felberich (Lysimachia nummularia) ist eine uralte, aus Nordeuropa stammende Pflanze, die noch heute für Körbe gezogen wird. In der Mythologie symbolisiert sie Unabhängigkeit, wohl weil sie durch ihren üppigen Wuchs letztlich alles erdrückt, was sie umgibt.

So geht es

Dieser Zauber muss geheim bleiben. Nehmen Sie die Locke Ihres Haares und die Locke der Person, die Sie abschrecken wollen, und wickeln Sie sie im Uhrzeigersinn umeinander. Wiederholen Sie dabei ständig beide Namen. Wickeln Sie dann die verbundenen Haarsträhnen um den Weidenstab. Führen Sie den Stab dreimal durch die Flamme, um eine Verbindung herzustellen. Wickeln Sie nun das Pfennigkraut gegen den Uhrzeigersinn um den Stab und sprechen Sie, wobei Sie den Namen der Person einsetzen:

„Ich wünsche nichts Böses,
doch befreie mich von (Name),
befreie mich von (Name)."

Bewahren Sie den Stab auf. Mit dem Pfennigkraut wird auch die unerwünschte Zuneigung dahinschwinden.

Zauber der Winde

Chinesische Himmelsmagie, die Glück und Erfolg verheißt.

Sie benötigen

einen mit Helium gefüllten Ballon

&

ein langes Stück Schnur

Die so genannte Himmels- oder Luftmagie stammt aus China, wo Luftschlangen und Windvögel mit Botschaften und Bildern versehen zum Himmel gesandt werden. Oft werden die drei Glücksgötter dargestellt, bisweilen auch symbolisch: eine Fledermaus für das Glück, ein Hirsch für die Einkünfte, ein Storch oder eine Pinie für ein langes Leben. Himmelsmagie zielt auf persönlichen Erfolg, Glück und Freude. Der „Zauber der Winde" ist ein uralter Himmelszauber, der Pech in Glück verwandelt und Ihnen Erfolg beschert.

So geht es

Gehen Sie an einem windigen Tag auf einen Hügel oder an den Strand. Binden Sie den Ballon an eine Schnur und knüpfen Sie beim Gehen Knoten hinein. Konzentrieren Sie sich bei jedem Knoten auf die Veränderung, die Sie durch ihn herbeiführen möchten. Stellen Sie sich vor, wie Energie aus Ihrem Körper über die Schnur himmelwärts steigt, und laufen Sie los, den Ballon hinter sich herziehend. Wenden Sie sich siebenmal im Uhrzeigersinn um und fühlen Sie, wie die Kraft des Windes Sie durchdringt und Ihre Stimmung hebt. Lösen Sie dann die Knoten und lassen Sie den Ballon davonfliegen – und mit ihm den Zauber, der Ihnen Glück und Erfolg bringen wird.

Versiegelter
Zauber

Rivalen ausstechen

Ein französischer Zauber, mit dessen Hilfe Sie Ihren Rivalen in Liebesangelegenheiten ausstechen.

Sie benötigen

ein Stück Papier

eine geschälte Knoblauchzehe

einen Briefumschlag

eine lilafarbene Kerze

Wer kennt nicht die unangenehme Situation, wenn man sich verliebt hat, sich beim Werben um diesen Menschen aber mit einem erbitterten Rivalen auseinander setzen muss! Wenn Ihre eigenen Motive aufrichtig sind, ein Dritter jedoch Ihre Liebesbeziehung stört, vollziehen Sie diesen Zauber zu Beginn des abnehmenden Mondes. Aber Achtung: Wenn Sie jemanden gegen ihren oder seinen Willen an sich binden möchten, wird der Zauber in Ihrem eigenen Leben negative Schwingungen verursachen.

So geht es

Vollziehen Sie dieses Ritual an einem ungestörten, geheimen Ort. Schreiben Sie den Namen der Rivalin oder des Rivalen auf das Papier. Falls Sie ihren oder seinen Namen nicht kennen, wählen Sie einen symbolischen Namen. Wischen Sie mit der Knoblauchzehe über den Namen auf dem Papier – Knoblauch ist die Pflanze der Macht. Legen Sie das Papier in den Umschlag, diesen versiegeln Sie mit Wachs und sprechen Sie:

„(Name), ich wünsch' dir weder Schmerz noch Leid,
doch mein Partner sei von deinem Willen befreit."

Verbrennen Sie den Umschlag in der Flamme, kehren Sie alle Rückstände zusammen und vergraben Sie sie zusammen mit der Kerze.

Die dunkle Seite der Magie

berall auf der Welt werden magische Rituale überwiegend in Übernstimmung mit der Natur und zum Nutzen der Gemeinschaft vollogen. Doch die magische Kunst hat auch eine dunkle Seite. Schon in ühester Zeit erkannte man, welch große Macht die Magie verleihen d dass sie dem persönlichen Vorteil dienstbar gemacht werden kann.

Alchimisten und Zauberer

ie Alchimie ist eine Mischung aus Philosohie, Wissenschaft und Religion, deren Urprünge sich im Nebel der Zeit verlieren. Die lchimisten des Mittelalters versuchten, die Fähigkeit der Natur, aus einem Samen einen Baum entstehen zu lassen, zu kopieren, um so gewöhnliches Metall in Gold oder Silber zu verwandeln. „Stein der Weisen" nannte man die Substanz, der die Kraft zugeschrieben wurde, diese Umwandlung zu bewirken. Man machte sie auch für die Entwicklung des Lebens verantwortlich. Für Alchimisten symbolisierte die Sonne Gold und die Seele, der

Alchimistische Symbole für Silber, das für den Mond stand

Sonne und Mond, verbunden durch einen geflügelten Drachen

Mond Silber und den Körper. Der Stein der Weisen bestand aus Schwefel, Salz und Quecksilber, wobei das Quecksilber oft mit dem geflügelten Drachen, einem alten Symbol für Flüchtigkeit, gleichgesetzt wurde.

Das ursprüngliche Ziel der Alchimie war die Erhaltung der Erde, aber viele Alchimisten verloren es aus dem Auge. Sie gründeten exklusive Bruderschaften und arbeiteten im Geheimen. In der Hoffnung auf Reichtum und übernatürliche Kräfte ließen sie sich mit Dämonen ein. Sie schlossen Pakte mit dem Teufel und seinen Höllenfürsten und glaubten dadurch erreichen zu können, dass die Dämonen ihnen für den Rest ihres Lebens dienen

Pentagramm für schwarze Magie

Pentagramm für weiße Magie

mussten. Wenn ein Zauberer starb, würde er wiederum der Sklave der Höllenfürsten werden. Dies führte dazu, dass die Magier auch nicht vor Totenbeschwörung oder Blutopfern zurückschreckten, um ihr Leben zu verlängern. Pakte mit dem Teufel unterschrieb ein Zauberer stets mit seinem eigenen Blut, denn es hieß: „Wer das Blut eines anderen beherrscht, beherrscht seine Seele."

Der Pferdefuß und andere Zeichen

Die positiven Zeichen und Symbole der Naturmagie waren für die Absichten der Schwarzmagier ungeeignet. Daher verdrehten oder verzerrten sie diese, um pervertierte Macht darzustellen. Ein Beispiel dafür ist das linksgeflügelte Hakenkreuz (Swastika). „Swastika" leitet sich von dem Sanskritwort für „Glücksbringer" ab, und in diesem Sinne wurde es in vielen Kulturen jahrhundertelang verwendet. Das von den Nazis im Dritten Reich verwendete rechtsgeflügelte Hakenkreuz hingegen steht seither für das Böse schlechthin. Das Pentagramm wurde sowohl in der weißen als auch in der schwarzen Magie verwendet; für dunkle Zwecke wurde es jedoch auf den Kopf gestellt und hatte unterbrochene Linien oder Sterne verschiedener Länge. Man nannte es dann den „Pferdefuß".

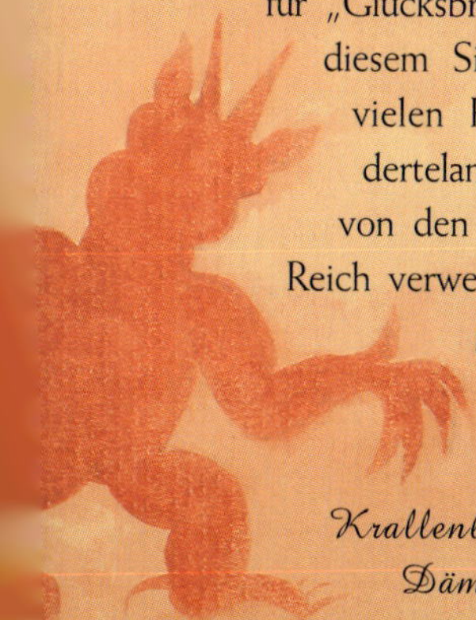

Krallenbewehrter Dämon

Die Verwendung von Abbildern

Puppen aus Ton, Wachs oder Holz wurden für Riten benutzt, die einem Feind Schaden zufügen sollten. Man fesselte sie, durchbohrte sie, verbrannte, schmolz oder vergrub sie, um den Tod des Opfers zu beschwören. Wenn jemandem die Seele gestohlen werden sollte, wurde bisweilen ein Abbild seiner Person an einem Ort verbrannt, den er oft aufsuchte. Manche Puppen hatten verschiedenfarbige Hälften: eine für guten, eine für bösartigen Zauber.

Der Glaube an die Dämonen diente in früheren Zeiten rücksichtsloser Selbstsucht und einem Machtgewinn um jeden Preis. Diese Art von Magie ist gefährlich, lassen Sie die Finger davon!

Voodoo-puppe mit zwei Hälften

Schattenboxen

Mit diesem osteuropäischen Zauber begegnen Sie neidischen Arbeitskollegen.

Sie benötigen

ein Blatt Papier

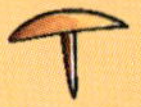

eine Reißzwecke oder Klebeband

Quellwasser in einem verschließbaren Behälter

Viele Menschen sehen sich dann und wann einer unfairen Behandlung durch Arbeitskollegen ausgesetzt, die vielleicht eifersüchtig auf ihre Leistung oder ganz einfach unangenehme Zeitgenossen sind. Es ist nicht einfach, mit einer solchen Problematik richtig umzugehen, wenn man nicht unnötig viel Aufhebens machen will. Der folgende Zauber kann die Lösung sein: Er hindert den oder die betreffenden Kollegen daran, Ihnen bewusst den Weg zu verbauen. Wichtig ist jedoch, dass Sie ihn Ihrerseits ohne bösen Willen anwenden und nur, um die Situation zu neutralisieren und negative Gefühle zu vertreiben.

So geht es

Wählen Sie für diesen Zauber einen Tag mit abnehmendem Mond. Schreiben Sie den Namen der betreffenden Person auf das Papier und nehmen Sie es samt den anderen Zutaten mit zur Arbeit. Legen Sie das Blatt mit dem Namen nach unten auf den Tisch und sorgen Sie dafür, dass der Schatten der oder des Betreffenden darauf fällt. Wenn der Schatten auf das Papier fällt, befestigen Sie ihn dort mit der Reißzwecke oder mit Klebeband. Stecken Sie das Ganze dann in den Behälter mit Quellwasser. Versichern Sie sich, dass er gut verschlossen ist und halten Sie ihn an Ihre Stirn. Fahren Sie dreimal mit der rechten Hand über den Deckel und befreien Sie dabei Ihren Geist von negativen Gefühlen. Legen Sie den Behälter zu Hause ins Eisfach.

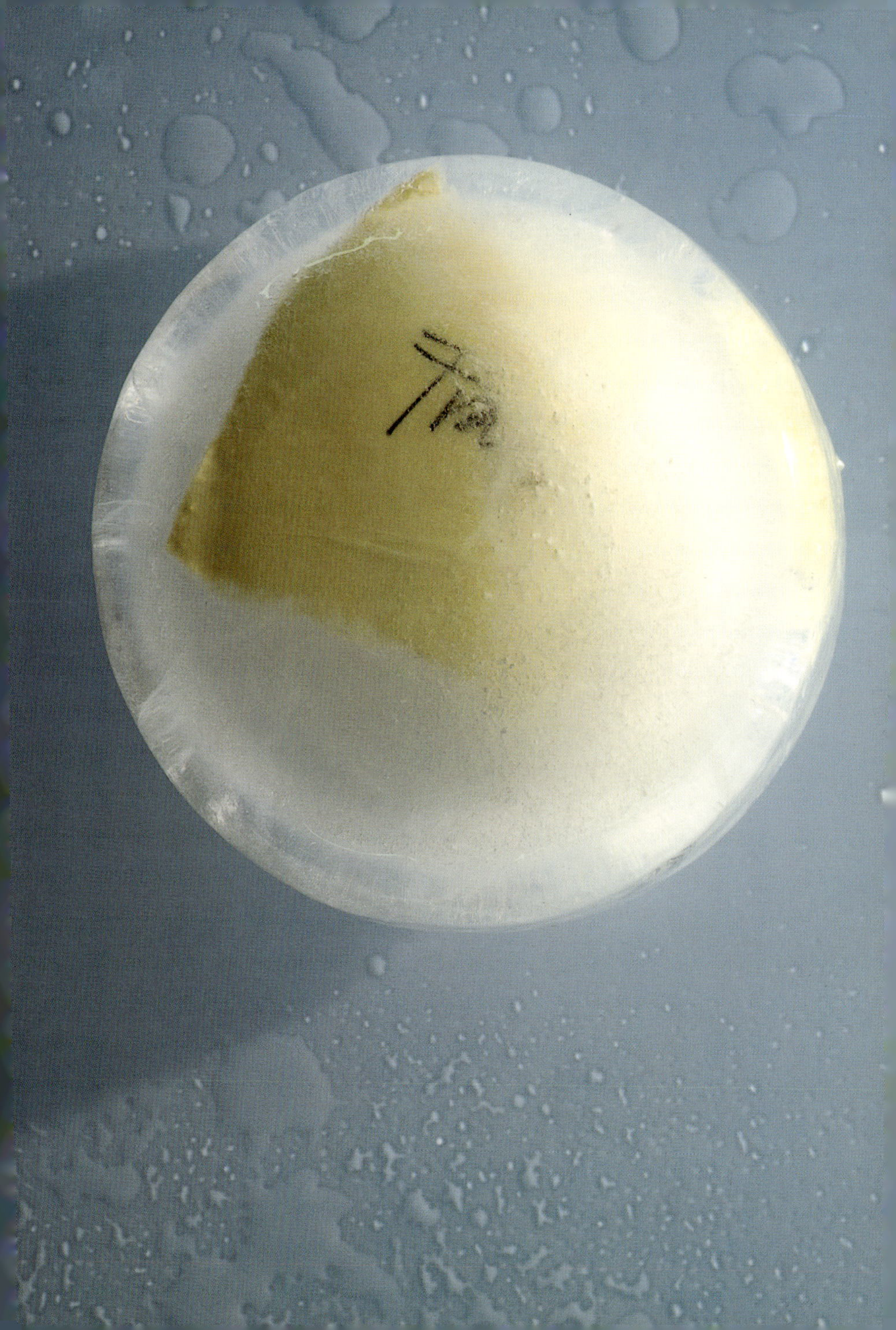

Planeten und Pflanzen

Ein Zauber für anhaltendes Glück – das ganze Jahr über und an besonderen Tagen.

Sie benötigen

einen großen Blumentopf

etwas Blumenerde

eine Auswahl von Sämlingen oder Ablegern

Dieser Zauber bedient sich der Geschenke der Natur, die Ihnen Glück bringen sollen. Er nutzt die Macht von Mutter Natur, um all Ihre Vorhaben an einem bestimmten Tag zu begünstigen.

So geht es

Jeder Wochentag wird von einem Planeten dominiert, und jeden dieser Planeten verbindet man mit einer bestimmtem Farbe. Pflanzen Sie in Töpfe oder im Garten eine Auswahl von Pflanzen in der Farbe des Tages, an dem Sie besonderes Glück benötigen. Wählen Sie selbst aus, welche Pflanzen Sie nehmen wollen. Wichtig ist, dass Sie sie mit Liebe und Sorgfalt hegen, was Ihnen die Harmonie von Geist, Körper und Seele beschert.

Die Sonne regiert den Sonntag, ihre Farbe ist Orange.
Der Mond regiert den Montag, seine Farbe ist Weiß.
Der Mars regiert den Dienstag, seine Farbe ist Rot.
Der Merkur regiert den Mittwoch, seine Farbe ist Gelb.
Der Jupiter regiert den Donnerstag, seine Farbe ist Lila.
Die Venus regiert den Freitag, ihre Farbe ist Blau.
Der Saturn regiert den Samstag, seine Farbe ist Grün.

Viel Glück!

Das Auge des Tages

Ein Sommerzauber, der das Glück der Kindheit heraufbeschwört.

Sie benötigen

einen Flecken voller Gänseblümchen

eine kleine gelbe Samttasche

Das Gänseblümchen wird auch „das Auge des Tages" genannt, denn es öffnet sich bei Sonnenaufgang und schließt sich in der Abenddämmerung. Wegen seiner großen Anziehungskraft auf Kinder verbindet man mit ihm Glück und Unschuld, aber auch Überlebenswillen, denn Gänseblümchen gedeihen auf fast allen Böden. Der folgende Zauber sollte an einem sonnigen Tag und am besten auf einer Wiese vollzogen werden.

So geht es

Gehen Sie an einem schönen Sommertag mit Kindern auf eine Wiese und basteln Sie Ketten aus Gänseblümchen. Erzählen Sie den Kindern dabei Geschichten über das kleine Blümchen – warum man es auch „das Auge des Tages" nennt, und dass man es wegen seines fröhlichen Gesichtes schätzt. Erzählen Sie von den Rittern, die ein Gänseblümchen als Liebespfand ihrer Herzensdame bei sich trugen, dass man es pflücken kann und es doch wieder lächelnd zum Vorschein kommt und davon, dass junge Mädchen sich früher seine Wurzel unters Kopfkissen legten, um von der Liebe zu träumen. Wenn Ihre Kette fertig ist, schließen Sie die Augen, legen Sie sie auf Ihre Stirn und wünschen Sie sich Glück. Legen Sie anschließend sich und den Kindern die Ketten als Kränzchen auf die Köpfe. Nehmen Sie sich bei den Händen und tanzen Sie im Kreis, siebenmal in jede Richtung. Bewahren Sie Ihre Blumenkette als Glücksbringer in dem Samttäschchen auf.

Register